先端的
賠償責任保険

ファイナンシャル・ラインの機能と役割

山越 誠司 著

保険毎日新聞社

はしがき

　本稿は前作の『先端的 D&O 保険』に引き続き『先端的賠償責任保険』というタイトルにさせていただいた。シリーズとして企画しているわけではないが、ファイナンシャル・ラインというわが国で研究が深まっていない分野における第二作目という位置付けである。「先端的」という意味は、現時点でわが国より進んだ保険となっているアメリカ型の賠償責任保険約款を指しているが、残念ながらその保険約款が日本でも望ましい構成になっているかどうかの検証まではできていない。その前に、まず先端的賠償責任保険というものが、どのようなものなのか実像を理解することからはじめなければならないと考え、本稿で論じている。

　そして、損害保険業界や事業会社の保険実務家のために、自分が何かお役に立てることはないかと考えたとき、過去の経験や知見を書籍化しておくことで、次の本格的な研究の土台を提供できるのではないかと考えた。もし本稿が理解の困難なファイナンシャル・ラインの各保険について、少しでも保険の機能や約款の理解を促すことに貢献できるのだとすれば幸いである。

　また、研究者ではなく一実務家としての記述になるので、分析が浅い点や理論構成が甘い点はあると思う。その点、ご了承いただければと思う。ただ、幸いなことに、2021 年 4 月から神戸大学大学院法学研究科博士課程後期課程で指導を受ける機会を得、本稿に理論的な補充ができたことも事実である。とくに、行澤一人教授には、信認義務の本質について助言をいただいた。どこまで信認義務のことを記述すべきか迷っていたときに、参照させていただいた行澤教授の論文が、私の背中を強く推している。また、榊素寛教授には、研究者の視点から企業分野の保険の論点をご指導いただいている。サイバー保険についても榊教授の論文を参照させていただき、研究者と実務家の視点が交わる領域がどの辺なのか、また、今後の課題となりそうな論点について共有させていただいた。さらに、櫻庭涼子教授には、講義を通して労働法の重要論点や雇用差別禁止法制の動向をご指導いただいた。雇用関連の議論で、理論的な補強も少

しはできたと思うし、参照させていただいた櫻庭教授の論文で新たな視点を得ることもできた。以上、三教授にはお礼を申し上げたい。もとより、文責は筆者にあることはいうまでもない。

　また、前作同様、今回もオリックス株式会社の上司や同僚には、感謝しなければならない。世界的なパンデミックの中にありながら、私の労働環境は非常に恵まれている。日々の業務も以前と変わらない生産性を維持できていると思う。むしろ、生産性は向上し、業務の革新も進んだともいえるかもしれない。このような労働環境が確保されていることに感謝したい。

　最後に、大塚和光氏には、編集において多大なご支援をいただいたことを申し添えたい。日本語表記の微細な点についても、いろいろ対話させていただき学びも多かった。前作では、二度目のお仕事をご一緒にということを申し上げたが、これで約束を果たせたことになる。そして、保険毎日新聞社には、このようなニッチな分野のテーマにもかかわらず書籍化を提案いただき、感謝せずにはいられない。

　2022 年 1 月

山 越 誠 司

目　次

第 **3** 章

知的財産訴訟保険の難度と将来展望

第 **4** 章

雇用慣行賠償責任保険の実用的価値

第 5 章

専門業務賠償責任保険の新たな展開

第 6 章

金融機関専門業務賠償責任保険の実効性

第 **7** 章

投資ファンドの専門業務賠償責任保険

第 **8** 章

上場会社と非上場会社の D&O 保険

序　章

　本稿において、いわゆるファイナンシャル・ライン（financial lines）といわれる保険について、その保険の構造や活用法あるいは補償が対応しているリスクを検証することにする。ファイナンシャル・ラインといわれる保険には、近年注目されているサイバー保険があり、知的財産訴訟保険、専門業務賠償責任保険、会社役員賠償責任保険などが含まれる。いずれも対人・対物事故を伴わない純粋経済損害（pure economic loss）を主に補償する保険になる。わが国においてこの分野の保険の普及は遅れており、研究もそれほど進んでいない。一方、アメリカやカナダ、オーストラリア、イギリス、その他一部のヨーロッパ諸国では保険の活用が積極的になされており、保険約款や保険の補償に対応するリスクについての研究も盛んである。

　一方、わが国の損害保険業界においても、ファイナンシャル・ラインは唯一残された成長分野とみられていることもあり、ある意味、最後に残された未開の地であるともいえる。この分野を理解し開拓することは、そのまま損害保険業界の発展にも寄与することであろう。また、事業会社にとっても有形資産から無形資産を重視する経営戦略に移行している状況で、この分野の保険を有効活用したリスク管理は、一つの重要な課題である。一方で、目にみえない純粋経済損害を補償する保険なので理解が難しく、保険そのものの構造や機能を把握することが困難なことも事実である。そのような意味で、本稿では未開の地を可視化するという考えで各保険を研究対象としている。

　本稿において意識したことは、保険そのものの構造の理解のみならず、各種保険が必要とされる理由や、どのようなリスクが存在し、そのリスクに対して保険がどのように機能するのかということの分析評価である。今まで保険そのものを研究対象とする手法は多かったと思うが、保険そのものを分析しても意外に本質がつかめないことが多い。どのような歴史的、文化的あるいは法制度的な背景があってその保険が登場したのか、実際にどのような事件に対して保険が機能するのか、あるいは隣接する保険との棲み分けはどのようになるのか

という視点で検証するほうが、一見、遠回りにみえるようで保険の本質の理解
には有用であると考えた。よって、各保険そのものを理解するために、その保
険に関連する法令や制度、社会的背景などの記述にも意識した。そのほうが純
粋経済損害を補償する保険の理解には近道の可能性がある。

　また、わが国における普及が道半ばのため、過去の事件や事例は日本のものが
少ない傾向にある。どうしても海外の裁判例や事例などを多く参照せざるを得な
くなるが、それでも本質的な点でわが国でも応用は効く。もちろんあらゆる事象
が日本でもすべて該当するということではないが、海外との比較を通じて日本で
の保険のあり方も再考できるであろう。よって、想定している保険約款は主にア
メリカ型の先端的賠償責任保険約款になる。アメリカ型の保険が常に優れている
という短絡的な結論にたどり着くわけではないが、賠償責任保険に関しては数多
くの保険訴訟を通じて保険が進化しているという背景がある。厳しい訴訟社会の
もとでもまれた保険約款からは学ぶべきことは多いのは認めざるを得ない。

　また、世界の賠償責任保険に関する情報は、やはりイギリスのロンドン保険
市場を中心に集まるのも事実であり、必然的にその分野の専門家もイギリスに
多い。よって、入手できた情報や事例もイギリスの専門家からのものが多くな
る。さらに、オーストラリアもアメリカに次ぐ訴訟社会であり、ファイナン
シャル・ラインの保険市場は経済規模に比べて大きく、しかも高度なノウハウ
も蓄積されているので、学ぶことが多いといえる。

　このように主に英米法系諸国の先端的賠償責任保険から得られる果実は多い
が、それならば、そのまま無批判にわが国にも同じ保険を導入しよう、という
結論にたどり着くわけにはいかない。わが国にも損害保険業界の伝統があり、
特有の法制度や訴訟制度、その他あらゆる社会的背景が横たわっているのであ
り、わが国に合った保険というものも検討していくことが重要であることはい
うまでもない。よって、そのためのスタート地点に立つことが、本稿の目的で
あると考えている。その点、未解決の課題を多く残してしまうことになるが、
さらなる研究は次の機会に試みたいと思うし、共同研究のようなプロジェクト
も考える必要があるとも思っている。つまり個人の力の限界を感じながら、自
分のできる範囲で執筆したものが本稿ということになる。

第1章
サイバー攻撃に対する保険の検討

第1節　序　　説

　昨今、アメリカにおいてイベント発動型（event driven）の証券訴訟が増加している。株主は、サイバー攻撃によるデータ侵害、＃MeToo運動に端を発する賠償請求、さらには大麻ビジネスで業績が振るわないなどが原因で企業の株価が下落した事象を捉えて、アメリカ上場会社に対する前例のないレベルの証券集団訴訟（securities class action）を提起している[1]。とくに、サイバーセキュリティが侵害されることで、甚大な被害が発生して株価が下落する事象に関連する証券訴訟が目立つ。このことから、企業にとってサイバーセキュリティ対策は喫緊の課題といえる。

　このような情勢からサイバー保険も注目されるわけであるが、世界のサイバー保険の保険料は、9割がアメリカ保険市場からもたらされている事実[2]からも推察できるように、アメリカではサイバー保険の存在価値が理解されやすい状況にある。たとえば、アメリカにおいて財物保険や企業総合賠償責任保険、犯罪保険などの伝統的保険がサイバー攻撃による損害を補償できるかどうかの議論が保険訴訟（insurance coverage litigation）を通じて積み重ねられており、その議論によって伝統的な保険では不十分であることが明らかにされている。その結果、サイバー保険の位置付けも理解されやすい状況にあるといえる。

　一方、すでに日本の保険会社もサイバー保険を積極的に販売しているにもかかわらず、アメリカのような訴訟社会ではないわが国では、残念ながらその辺の議論の蓄積がない。よって、サイバー保険の輪郭がはっきりみえてこないし、

1　NERA, *Recent Trends in Securities Class Action Litigation: 2019 Full-Year Review*, 7-8 (2020).
2　Aon Inpoint, *Global Cyber Market Overview; Uncovering the Hidden Opportunities*, 5 (2017).

なぜ必要かの議論も成り立たないので、リスク管理にサイバー保険を積極活用しようという機運も高まらない状況がある。ただ、新型コロナウイルスや新たな感染症に対応するためにも、日本企業は業務プロセスや情報システムの抜本的な改革が求められており、本格的にサイバー保険の活用を検討すべき時期にきている。基本的にサイバーリスクには国境がなく、その対応策も国によって大きく異なることはないので、保険約款の詳細や訴訟制度は異なるとしても、アメリカの事例は、日本企業にとってもサイバーリスクとサイバー保険の枠組みを理解するうえで参考になる。さらに、海外子会社も含めて対策を考えないと、海外子会社がサイバー攻撃を受けて日本の親会社に被害を及ぼすこともあり得るので、海外子会社も含めたサイバーリスク管理が必要になる。これはもはや現場だけに任せる問題ではなく経営者が取り組むべき経営課題である。

　そして決定的な変化が日本企業にも訪れる。それは、無形資産を活用したビジネスモデルへの変革である。今までは土地や建物、機械設備など有形資産を使って事業を展開してきていた日本企業も、コロナ禍で加速される事業のデジタル化により、無形資産すなわちデータやソフトウェア、知的財産権、のれんといったものを積極活用するビジネスモデルを構築していくことになる。よって、日本企業の資産の構成も有形資産から無形資産へ比重が移るので、どのように無形資産を守るのかがリスクマネジメントの重要課題になる。そのとき、有形資産を守る財物保険（火災保険や機械保険、車両保険等）は過去のものとなり、無形資産を守るサイバー保険のような新たな保険の重要性が増してくることになる。

　本章では、アメリカにおけるサイバーリスクに関する保険訴訟の議論を精査し、サイバー保険の実像を明らかにすることを試みたい。そして、サイバー保険にどのような機能があるのか理解することで、サイバー保険の検討のためのスタート地点に立つことを目指したいと思う。まずスタート地点に立たないことには、次の具体的な行動には進めないと思うからである。

第2節　アメリカにおける伝統的保険

1 財物保険における「物理的損害」

　アメリカにおいて各保険者が提供する財物保険（Property Insurance）の約款文言は多様であるので一概にいえないが、一般的に補償の対象となるには物理的損害があることが要件となっている。たとえば、保険の情報サービスを提供するアメリカの ISO（Insurance Services Office, Inc.）の財物保険標準約款には、保険証券記載の財物への直接の物理的損害（direct physical loss）に対して保険金を支払うという要件が明確に規定されている[3]。

　そこで、サイバーリスクの観点から問題になるのは、昨今のインターネットを介した商取引において物理的損害を伴わない事件が増えていることである。これらのサイバーリスクにはウェブサイトのサービスを妨害し、サービスを停止させたり遅延させたりする DoS（denial of services）攻撃や DDoS（distributed denial of services）攻撃、特定の組織を狙って機密情報や知的財産、アカウント情報を窃取しようとする標的型メール攻撃なども考えられる。これらは、必ずしも物理的損害を伴わないことが多いことが特徴になる。このような新しい形態の事象による保険事故に関してアメリカでも結論が異なるいくつかの裁判例があるので検証してみることにする。

　まず、物の損害に対する補償を提供する財物保険は、対物損害の発生しないサイバーリスクに対して無力であることが推察できる事案を紹介する。

　財物保険を購入していた保険代理店が、データベースをアップデート中にコンピューターに保存されたデータを人的エラーによって破壊してしまった。保険代理店はコンサルタントを雇いデータの修復をし、事業を再開するために手作業でデータ入力を行った。その結果、保険代理店には追加費用が発生し事業中断による損失も発生することになった。そこで、保険代理店が保険者に保険金請求するものの、裁判所は保険約款において保険金の支払条件に直接の物理

---

[3] Insurance Services Office, Inc., Building and Personal Property Coverage Form（CP 00 10 10 12）1 (2011).

的損害が要求されているので保険金支払の対象外であると判示したものがある[4]。

　この裁判例からわかるように、保険金支払の要件に物理的損害という条件がある財物保険においてサイバーリスクに対する補償の確保に難しさがあるのは、コンピューターの機能障害においては人が認識できるような物理的損害が発生していることの立証は困難であるためである。たとえば、ウイルスによるコンピューターへの障害はハードウェアやソフトウェアに損害を生じさせるものではないかもしれないが、コンピューター内のメモリーに磁気変化がもたらされるのでそれが物理的損害であるという解釈も可能かもしれない[5]。しかし、基本的に保険者は無形の電子情報の一時的な障害は物理的損害ではないと主張することになる[6]。

　さらに、免責条項に規定されていない事故はすべて補償するオールリスク型の財物保険でも、コンピューターの設計や仕様などの欠陥によるプログラミング・エラーは、限定列挙で補償が提供されていないかぎり免責とされる[7]。また、電子商取引でありがちな従業員による盗難や不正、犯罪による損害なども免責として明示されていることが多い[8]。このような財物保険に特有の概念や保険金支払の要件のために、サイバーリスクに対する補償の確保は難しいことが多いであろう。

　そして、不正アクセスのケースでは、ある不動産仲介業者のオンライン・バンキングが窃盗団にアクセスされ、顧客のエスクロー口座から権限外の支払いがなされた事案がある。窃盗団はウイルスを使い、従業員のIDとパスワードを使用して犯行に及んでいる。そして、不動産仲介業者の財物保険約款では偽造（forgery）にまで補償が拡張されていたが、悪意のあるコード（malicious

---

4　Ward Gen. Ins. Serv. v. Employers Fire Ins 114 Cal. App. 4th 548 (Cal. Ct. App. 2003).

5　David R. Cohen & Roberta D. Anderson, *Insurance Coverage for "Cyber-Losses"*, 35 (4) Tort & Insurance Law Journal 891, 902 (2000).

6　Hazel Glenn Beh, *Physical Losses in Cyberspace*, 8 Connecticut Insurance Law Journal 55, 66 (2001).

7　*Id.* at 65.

8　*Id.*

code）とシステムへの侵入（system penetration）に関する損害は免責とされていた。裁判所は、偽造は伝統的な有価証券に対するもののみに適用され電子決済には適用されないとし、本ケースでは免責条項に該当し保険の対象外と判示している[9]。

　結局、物理的損害が発生していない事案において財物保険を適用するのは非常に困難であることが理解できると思われる。また、事業中断保険（Business Interruption Insurance）も財物保険と一緒に購入されることが多いが、財物保険の一類型として実際に物理的損害が発生しないかぎり補償は提供されない[10]。事業中断保険は、事業活動が中断したことが原因で収入が途絶えたり費用が発生したりした場合に補償を提供するが、保険金支払の要件に有形財産への損害が必要になる[11]。

　一方で、裁判所が科学技術の進展を考慮し、被保険者に有利な判決を出していることもあるので検討を加えることにする。

　事業中断保険の事例で、コンピューターの販売会社が停電によってプログラミング情報を失い事業活動が約8時間にわたって中断したケースがある。コンピューター販売会社の保険者は事業中断保険を提供していたが、物理的損害が発生していないので保険金支払の対象外であると主張する。一方、被保険者であるコンピューター販売会社は、使用不能や機能停止は物理的損害に含まれると主張した。最終的に裁判所は、昨今のコンピューター技術が私たちの私生活や事業活動に大きな影響力を占めている状況を考慮するなら、物理的損害はコンピューターの物理的破壊や損傷に限らず、アクセスの欠如や使用不能、機能停止も含むべきであると判示している[12]。

9　Metro Brokers, Inc. v. Transp. Ins. Co., No. 1:12-CV-3010-0DE, 2013 WL 7117840（N.D. Ga.ov. 21, 2013）.

10　Amy R. Willis, *Business Insurance: First-Party Commercial Property Insurance and the Physical Damage Requirement in a Computer-Dominated World*, 37 Florida State University Law Review 1003, 1004（2010）.

11　Robert H. Jerry, II & Michele L. Mekel, *Cybercoverage for Cyber-Risks: An Overview of Insurers' Responses to Perils of E-Commerce*, 8 Connecticut Insurance Law Journal 7, 12-13（2001）.

12　American Guarantee & Liability Insurance Co. v. Ingram Micro, Inc. Civ. 99-185 TUC ACM, 2000 U.S. Dist. Lexis 7299（D. Ariz., April 19, 2000）.

このような事件を受けて保険業界は、電子データの損害に対するリスクについて警戒を強めることになり、いくつかの保険者は電子データ免責（electronic data exclusions）を付帯するようになる[13]。

以上のように、いくつかの裁判例では時代の変化に配慮した被保険者側に有利なものがあるものの、物理的損害と結びついた保険金支払の要件は保険金請求に際して、動かしようのない障害になるのではないかと懸念される。よって、サイバーリスクに対して財物保険が果たせる役割には限界があり、過度に財物保険に頼るのは慎まなければならないことは理解できるであろう。

② 企業総合賠償責任保険とデータ侵害

アメリカの多くの企業は企業総合賠償責任保険（Commercial General Liability Insurance：以下「CGL 保険」）を購入しており、保険約款は統一された ISO 約款が利用されることがある。基本的な補償は、補償条項 A（coverage A）といわれる身体障害（bodily injury）と財物損害（property damage）に起因する損害への補償と、補償条項 B（coverage B）といわれる人格権及び広告侵害（personal and advertising injury）に起因する損害への補償が存在している[14]。

そこで、この CGL 保険がサイバーリスクに対してどの程度有効に機能するのかというのは興味深い点である。実際、多くのデータ侵害の事案は CGL 保険の補償条項 B に保険金請求がなされている。本質的な論点としてはデータ侵害のケースが、保険約款の人格権及び広告侵害の定義にある情報の公表（publication）に該当するのかどうかということになる[15]。

まず、我々日本人にとって印象的なソニーの事件を検証してみる。事案は、ソニーが提供するアカウント制のオンラインサービスのプレイステーションにおいて大規模な情報漏えいが発生したものである。ネットワークへの不正アクセスによってデータ侵害がなされ、顧客の個人情報が大量流出することとなっ

13　Willis, *supra* note 10, at 1012.

14　Insurance Services Office, Inc., Commercial General Liability Coverage Form (CG 00 01 04 13) 1, 6 (2012).

15　Jay P. Kesan & Carol M. Hayes, *Strengthening Cybersecurity with Cyberinsurance Markets and Better Risk Assessment*, 102 (1) Minnesota Law Review 191, 229-230 (2017).

た後、顧客からおよそ 50 件以上の集団訴訟がソニーに提起された。そして、ソニーは CGL 保険の補償条項 B に対して個人情報の漏えいによるプライバシーの侵害がなされたということで保険金請求している。これに対して裁判所は、保険者はソニーが第三者から受けたデータ侵害に起因する損害賠償請求に対して補償を提供する必要はないと判示している[16]。裁判所の判断は、データ侵害による情報漏えいは補償条項 B が意図する個人情報の公表には該当しないというものである。なぜなら、個人情報の公表はソニーによってなされたのではなく、第三者によってなされたからということであった。

　ソニーにとって、データ侵害に関する各種費用の補償を CGL 保険から確保することは困難であったわけだが、このことからサイバーリスクに対する補償を必要とする企業はサイバーリスク専用の保険を購入したほうが確実であることが指摘される[17]。

　また、ハッカーによって顧客の個人情報に対してデータ侵害された別の事案でも、被保険者の行為によって個人情報が公表された場合に補償条項 B が適用になるが、ハッカーなどの第三者の行為による公表は補償の対象外であると判示しており[18]、裁判所はどのように個人情報が広められ、誰によって情報漏えいがなされたのかという点を考慮し、個人情報の公表に該当するのかどうか解釈し、補償条項 B の適用を判断しているようである[19]。実際の保険約款の定義規定（SECTION V – DEFINITIONS 14.）では、人格権及び広告侵害（personal and advertising injury）が、a. ～ g. の七つの行為に起因する侵害と定義されており、次の e. に規定されている "publication" が誰によってなされたかが争点となっている。

---

[16]　Zurich Am. Ins. Co. v. Sony Corp. of Am., No. 651982/2011, 2014 N.Y. Misc. LEXIS 5141（N.Y. Sup, Ct. Feb. 21, 2014）.

[17]　Lance Bonner, *Cyber Risk: How the 2011 Sony Data Breach and the Need for Cyber Risk Insurance Policies Should Direct the Federal Response to Rising Data Breaches*, 40 Washington University Journal of Law & Policy 257, 261-262（2012）.

[18]　Innovak Int'l, Inc. v. Hanover Ins. Co., 280 F. Supp. 3d 1340（M.D. Fla. 2017）.

[19]　David J. Baldwin et al., *Insuring Against Privacy Claims Following a Data Breach*, 122（3）Penn State Law Review 683, 708-709（2018）.

（原文）

"e. Oral or written publication, in any manner, of material that violates a person's right of privacy"

（参考和訳）

「e. 個人のプライバシー権を侵害する情報の口頭あるいは書面によるあらゆる方法による公表」

　結局、人格権及び広告侵害における行為は保険契約者によって行われることを要するが、第三者による違法なデータ侵害があった場合はCGL保険の補償条項Bにおける人格権及び広告侵害に該当しないということである。すなわち、公表とは保険契約者による公表のみを意味することになり第三者による公表は含まないことになる。

　また、賠償責任保険における身体障害や財物損害の裁判例も多く、各種議論を生み出している[20]。CGL保険でいえば補償条項Aに当たる論点であるが、争点は物理的損害とは何かということにあり、財物保険における議論と似ている。まず、補償を肯定された事例をみてみることにする。

　保険契約者のオンラインマーケティング会社が、顧客からスパイウェアによって自分のコンピューターが感染し各種障害が発生したとして訴えられた事案がある。そこで、保険契約者は保険者に保険金請求するものの、保険者は防御義務を含めて補償の存在を否定した。なぜなら、当該事件において身体障害や財物損害が発生したという主張がなされていないからである。しかし、裁判所は、コンピューターの各種障害はCGL保険で財物損害（property damage）を定義するところの有形財産の使用不能（loss of use of tangible property）に該当するので保険者に補償の提供義務があると判示している[21]。ただし、電子的形態としてのソフトウェアやデータなどの情報は保険の対象外とのことである。

20　Gregory D. Podolak, *Insurance for Cyber Risks: A Comprehensive Analysis of the Evolving Exposure, Today's Litigation, and Tomorrow's Challenges*, 33 Quinnipiac Law Review 369, 382 (2015).

21　Eyeblaster, Inc. v. Federal Ins. Co. 613 F.3d 797 (8th Cir. 2010).

　一方で、ソフトウェアやデータの使用不能は財物損害に該当しないので、賠償責任保険の補償を否定された事案もいくつかある。

　インターネットプロバイダが顧客にソフトウェアを提供するものの、当該ソフトウェアが顧客のコンピューターに損害を与えたとして、多くの顧客から損害賠償請求された事案がある。その結果、当該インターネットプロバイダが防御費用を回収するために保険者へ保険金請求するものの、裁判所は、データやソフトウェア、コンピューターシステムは文言の一般的な理解に基づくと有形財産ではないとされ、通常の意味における有形とは触れることができる財産であるとし、保険者に防御義務はないと判示している [22]。

　別の事件でも、コンピューター内のデータは人間によって触れることも、保持することも、感じることもできないので、このように実体がないものは有形財産ということができないと裁判所は判示している [23]。

　以上のように、裁判所の判断も揺れている状況で 2014 年に ISO が新しい特約を導入した。その特約によると、特許、トレードシークレット、処理方法、顧客一覧、財務情報、クレジットカード情報、医療情報、その他あらゆる非公開の情報を含む法人や個人の情報へのアクセスや漏えいに起因する損害賠償請求に CGL 保険は適用しないことを明言している。この免責条項 [24] は、補償条項 A にも補償条項 B にも適用され、ISO 約款としてデータ侵害やデータに関する損害賠償請求に対して CGL 保険は補償を提供する意図はないことを明らかにしたことになる [25]。

③ 犯罪保険とコンピューター詐欺

　アメリカにおいて以前から犯罪保険（Crime Insurance）が普及しており、わが国における身元信用保険のような内部不正に対する補償に限らず、外部不正

22　America Online, Inc. v. St. Paul Mercury Ins. Co., 207 F. Supp. 2d 459 (E.D. Va. 2002).

23　State Auto Property and Cas. Ins. Co. v. Midwest Computers & More, 147 F. Supp. 2d 1113 (W.D. Okla. 2001).

24　Insurance Services Office, Inc., Exclusion - Access or Disclosure of Confidential or Personal Information and Data-Related Liability (CG 21 06 05 14) 1 (2013).

25　Alan Rutkin & Robert Tugander, *Coverage Question Concerning Cybercrimes*, 64 (2) The Federation of Defense & Corporate Counsel Quarterly 121-122 (2015).

に対する補償も含んだ保険の利用が進んでいる。しかし、必ずしもサイバーリスクに対する万全な保険ということではなく、補償の有無に関して様々な論争が起きていることに留意する必要がある。

たとえば、後記のコンピューターの使用による犯罪に関する補償条項を含む犯罪保険の保険契約者である石油会社が、電子メールを利用したサイバー犯罪の被害にあった。犯罪者は電子メールで販売会社を装い、販売代金の支払を当該保険契約者の従業員に指示した。その結果、販売代金の支払を別の銀行口座に送金してしまう。そして、一部回収できたものの残りが回収不能になってしまった。この詐欺は電話による指示と電子メールによる指示によってなされている。

保険契約者は当然のように犯罪保険に保険金請求をするが、保険者は本事件がコンピューターの使用（use of any computer）により直接に引き起こされたものではないし、コンピューターの使用が資金の移動をもたらしたものでもないので、保険金支払の対象ではないということで保険金支払を拒否している。保険約款の補償条項は次のとおりである。

（原文）

"The insurer will pay for loss of, and loss from damage to, money, securities and other property resulting directly from the use of any computer to fraudulently cause a transfer of that from inside the premises or banking premises:

a. to a person (other than a messenger) outside those premises;

b. to a place outside those premises."

（参考和訳）

「当会社は、敷地内または銀行敷地内から、以下の人と場所へ不正に移転するため、コンピューターを使用することに直接起因する金銭、有価証券、およびその他の財産の損失、および損害による損失に対して保険金を支払います。

a. 敷地の外の人（配達人以外）

「b. 敷地の外の場所」

　裁判所は損害がコンピューターの使用を直接の原因としているわけではないとの判断を示し、電子メールは詐欺のスキームの一部を構成するが、不正な電子送金という事象に対して単に電子メールは付随的なものであり、コンピューターによる犯罪を構成しないと判示している [26]。

　一方、別の事案では犯罪保険の補償が肯定されたものがある。あるエンジニアリング会社が、なりすまし（social engineering）被害にあった事件であるが、保険契約者であるエンジニアリング会社の従業員が、なりすまし電子メールの指示に従って約 80 万ドル（約 8,000 万円）をニセの海外銀行口座に電子送金して詐取されてしまう。保険契約者は自らの犯罪保険に保険金請求するが、保険者は保険金支払を拒否している。保険約款の補償条項は次のとおりであった。

（原文）

"The insurer will pay the insured for the insured's direct loss of or direct loss from damage to, money, securities and other property directly caused by computer fraud."

（参考和訳）

「当会社は、コンピューター詐欺によって直接引き起こされた、金銭、有価証券、およびその他の財産の損失、および損害による損失に対して保険金を支払います。」

　保険者は、保険契約者がコンピューター詐欺による直接の損失（direct loss）を被っていないので保険金支払の対象外であることを主張した。下級審では裁判所も保険者の主張を支持していたが、その後上訴され、裁判所は保険契約者の補償を認めている [27]。主な論点は、なりすまし電子メールと詐欺犯罪

26　Apache Corp. v. Great Am Ins. Co., 662 F. App'x 252 (5th Cir. 2016).

27　Am Tooling Ctr. v. Travelers Cas. & Sur. Co. of Am., No. 16-cv-12108, 2017 WL 3263356 (E.D. Mich. Aug. 1, 2017).

者への資金移動の間に双方を断絶させる事柄がないこと、詐欺犯罪者が自分への支払を指示するために送信した電子メールはコンピューターを利用していること、コンピューター犯罪によって直接損失が生じていることなどである。

　このような裁判例をみていくと、犯罪保険における約款文言の解釈しだいで有責にもなれば無責にもなる不安定な状況がある。そもそも犯罪保険の約款は、サイバーリスクの問題が顕在化するよりはるか昔から存在するものであり、その後の科学技術の発展による新たなリスクは想定していなかったものになる。もちろん、特約などで対応できる部分もあるかもしれないが、サイバーリスクそのものが存在しない時代の発想で作成された約款の限界もあるであろう。そして、多くの保険者は現行約款を見直し、サイバー攻撃による被害や、なりすまし電子メールに起因する損害を免責にする方向で約款修正をして補償の意図を明確化する保険者もあらわれている。いずれにしても、保険契約者としては新しい形態のサイバーリスクに対する補償の拡張の要請を既存の犯罪保険に対して求めていく一方で、より包括的な補償のサイバー保険を購入することが望ましいと考えられる [28]。

第3節　サイバーリスク特化型の保険

1 サイバー保険の補償の課題

　アメリカにおける裁判例の分析から伝統的保険でサイバーリスクに対処することに限界があることが理解できると思われる。それでは、その限界を踏まえてわが国でサイバー保険が普及しているかというと、アメリカに比較すると活用はそれほど進んでいない。世界的な再保険者とコンサルティング会社による最近の調査でも、サイバーリスクとサイバー保険の補償の理解の難しさがサイバー保険の販売の主な障害になっているとされ [29]、裁判例を通して蓄積されたノウハウがないわが国ではなおのこと、サイバー保険の普及への障害は大きい

28　Baldwin et al., *supra* note 19, at 724.
29　PartnerRe & Advisen, *2018 Survey of Cyber Insurance Market Trends* 6-7 (2018).

ものと推察できる。

　また、サイバー保険は他の保険よりも理解が難しいといわれる理由として考えられることの一つに、サイバーリスクそのものが流動的で常に進化しており、ある時点でリスクの全容を把握できたとしても次の瞬間に新たなサイバー攻撃の手法が開発されて再度リスク分析をして実態把握に努めなければならないことがある。もちろん、サイバーリスク以外のリスクに関しても科学技術が進歩し、法令が改正されることに伴いリスクの性質も変化することはあるが、サイバーリスクに関してはIT技術の進歩やサイバー攻撃の進化のスピード、あるいは複雑さが今までのものとは次元が異なり、我々が過去に経験したことがない性質のものだといえる。

　そして、世界的にもサイバー保険の補償は保険約款によって様々なバリエーションがあり、一つとして同じ補償の保険はないといわれる[30]。〔図表1-1〕は、ある研究グループが26種類のサイバー保険約款を調査した結果であるが、プライバシーの侵害やデータ侵害があった場合の費用をカバーするインシデン

〔図表1-1〕調査対象の26種類のサイバー保険約款に含まれるの補償のカテゴリー

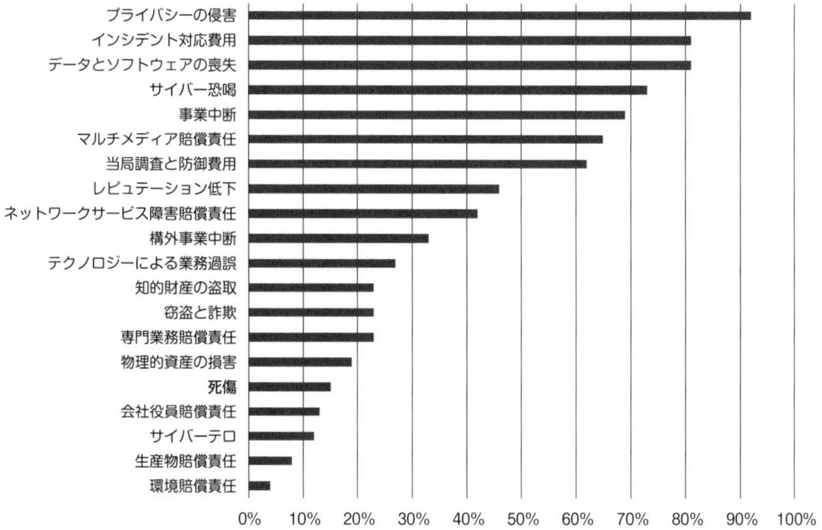

出所：Risk Management Solutions, Inc. & Cambridge Centre for Risk Studies, *Managing Cyber Insurance Accumulation Risk*, 12（2016）をもとに筆者作成。

ト対応費用、データとソフトウェアの喪失等が多くのサイバー保険約款の補償
に含まれている。

　一方で様々な補償のカテゴリーがあり、このようなサイバー保険約款の多様
性は、会社によってあるいは業界によって直面しているリスクが異なり、それ
によって必要な補償も異なることからくるものともいい得る[31]。そして、この
多様性がサイバー保険約款の理解を深めることの妨げともなりサイバー保険の
普及の阻害要因となっている側面もある。もちろん、徐々にサイバー保険約款
の標準化が進んでいるといわれているが依然として各保険約款を比較して評価
するのは難しいとされる[32]。また、保険者や保険ブローカーに対する調査結果
によると、サイバー保険の販売にもっとも障害となる要因はサイバーリスクに
対する理解不足と補償内容に対する理解不足があるということである〔図表
1-2〕。

〔図表1-2〕サイバー保険の販売でもっとも障害となっているもの

出所：PartnerRe & Advisen, *2018Survey of Cyber Insurance Market Trends*, 6（2018）をもとに筆者作成。

　次に、実際のサイバー保険の補償がどのような構成になっているかを検証す

30　OECD, *Enhancing the Role of Insurance in Cyber Risk Management*, 32（2017）; Risk Management Solutions, Inc. & Cambridge Centre for Risk Studies, *Managing Cyber Insurance Accumulation Risk*, 10（2016）.

31　Russell Cohen & Alison Roffi, *Cyber Insurance: An Overview of an Evolving Coverage*, 30（4）California Business Law Practitioner 111（2015）.

32　PartnerRe & Advisen, *2017 Survey of Cyber Insurance Market Trends*, 4（2017）.

る。まず、前述のように一つとして同じ補償はないわけであるが、どの保険約款においても二つのカテゴリーの補償を提供している。その一つは、自社（first party）のための補償で、もう一つは、第三者（third party）のための補償である。自社リスクの補償には、データとソフトウェアの喪失による損害、サイバー恐喝による損害、事業中断損失などに対応するものがあり、第三者リスクの補償にはプライバシーの侵害による損害賠償、ネットワークサービス障害による損害賠償、専門業務による損害賠償などがある。

　ある保険約款の補償の発動要件となる請求（claim）の定義は他の賠償責任保険と同じように、被保険者に対してなされる書面による損害賠償請求や訴訟、手続き（any written demand, suit or proceeding）となっているが、補償に当局の調査対応費用も含まれていることがあるので、その場合は当局による正式調査や行政調査、規制調査あるいは検査なども定義に含まれ、刑事訴追も保険金支払要件となる。また、各保険者の保険約款では文言が統一されていないので、類似の補償でも異なる定義や表現が使用されていることも多く、この点、業界として改善の余地がありそうである。さらに、自社リスクの保険金の支払限度額にはサブリミット（sub-limit）という支払限度額の内枠でより低い支払金額の上限が設定されていることが多かったり、事業中断損失には待機期間（waiting period）という免責期間が設定されていたりすることも留意しておく必要がある。

　また、〔図表 1-1〕をみても明らかなように、物理的資産の損害や死傷、生産物賠償責任、環境賠償責任などが補償に含まれていない保険約款が多い。しかし、IoT の普及によってインターネットと繋がった製品に対してハッカーの不正操作により対人・対物事故が惹起されることも懸念されるようになった[33]。実際に研究者が遠隔操作によってある自動車の車種をコントロールする実験に成功しており、2015 年に大規模なリコール事案が発生している[34]。また、2014 年にもドイツの製鉄所に対するサイバー攻撃によって、溶鉱炉が爆発し

[33]　Mark Camillo, *Cyber Risk and the Changing Role of Insurance*, 2（1）Journal of Cyber Policy 57（2017）.

[34]　BBC, Fiat Chrysler Recalls 1.4 million Cars after Jeep Hack, 24th July 2015.

甚大な物理的損害が発生している[35]。これは、補償のあり方を検証しなければならない典型的な事故であろう。技術インフラが普及した結果、現実の世界とデジタルの世界が交錯するようになり、サイバー攻撃が物理的損害をもたらすことも増え、このような現象が補償の空白をもたらすことに警戒しなければならない[36]。

2 事業中断保険としてのサイバー保険

わが国において個人情報保護法が施行されたときに個人情報漏えい保険が広く普及した経緯がある。そして現在、この個人情報漏えい保険の存在のために保険契約者がサイバー保険の必要性を理解できないこともあるようである。つまりサイバー保険と個人情報漏えい保険がほぼ同じものであると考え、個人情報漏えい保険に加入していればサイバー保険に頼ることなくサイバーリスクに対応できていると考えるわけである。しかし、サイバー保険と個人情報漏えい保険は明らかに異なる。個人情報漏えい保険は個人情報の漏えいがなければ適用されない。当然であるがサイバー攻撃によりデータ侵害された場合に個人情報は漏えいしないが被害が発生することがある。たとえば、法人情報のみが漏えいして当該情報に関連する法人から損害賠償請求を受けることもあれば、システム障害が発生してしまい商品や役務の提供ができずに顧客から損害賠償請求されることもある。また、情報セキュリティに関する法令は個人情報保護法以外に刑法、著作権法、不正競争防止法、不正アクセス禁止法、サイバーセキュリティ基本法など多岐にわたり、個人情報保護法だけが情報セキュリティに関する法令ではないことも忘れられがちである。さらに前述のとおり、サイバー保険は大きく分けて自社リスクと第三者リスクを補償する保険として捉えることができ、とくに賠償責任リスクより予測可能性が低く損害をコントロールすることが難しいという点でリスクが高いといえる事業中断損失の補償は重要である。すなわちサイバー保険は賠償責任保険の範疇を超えた特殊な保険といってよいのである。

35　BBC, Hack Attack Causes 'Massive Damage' at Steel Works, 22nd December 2014.

36　Podolak, *supra* note 20, at 396-367.

　賠償責任保険の範疇を超えた保険であることを理解するために、あるサイバー保険に関する保険者の集積リスクを捉える研究[37]を参照してみる。この研究は集積リスクのシナリオをデータ盗取、DoS 攻撃、クラウドサービス妨害、金融詐欺、サイバー恐喝と 5 つのカテゴリーに分けて、サイバーリスクのシナリオを提供している〔図表 1-3〕。

〔図表 1-3〕サイバー保険の集積リスクのシナリオ

損失の原因	データ盗取	DoS 攻撃	クラウドサービス妨害	金融詐欺	サイバー恐喝
集積リスクのシナリオ	大量のデータ抜き取り	大量 DDoS	クラウド障害	金融取引妨害	無差別恐喝
補償内容（下記項目）					
プライバシーの侵害	3	1	2	1	1
データとソフトウェアの喪失	3	2	2	1	2
インシデント対応費用	1	1	1	1	1
賠償責任	2	1	2	1	1
金銭の盗難	2	0	1	3	1
事業中断	1	3	3	1	2
サイバー恐喝	1	2	1	1	3
知的財産の盗取	1	0	1	0	1
レピュテーション低下	2	2	1	2	2

（凡例）
3	重大な影響
2	影響
1	若干の影響
0	影響なし

出所：Risk Management Solutions, Inc. & Cambridge Centre for Risk Studies, *Managing Cyber Insurance Accumulation Risk*, 21（2016）をもとに筆者作成。

　まず、大量のデータが抜き取られる原因として「データ盗取」があるが、ソフトの脆弱性が発見され修正ソフトが提供されるまでの間に攻撃を受け、当該ソフトを使用している企業から大量の機密データが抜き取られることが想定される。アメリカにおいて過去 10 年数々のデータ盗取事件が発生しており 900

37　Risk Management Solutions, Inc. & Cambridge Centre for Risk Studies, *supra* note 30, at 20.

億件の機密情報が抜き取られているといい、最近は悪意のある外部からのデータ盗取が増える傾向にある。そして、複数の企業でデータ盗取が発生するとプライバシーの侵害、データとソフトウェアの喪失に対する補償に起因して多額の保険金支払が発生する可能性がある。

　次に「DoS 攻撃」では、大量の DDoS 攻撃によって多くの企業のサービスが妨害されることが想定される。ハッカーが大量のデータを企業のウェブサイトへ送り付け、電子商取引を麻痺させるなどがあり得るシナリオである。DDoS 攻撃は近年増加傾向にあり一事件当たりの損失費用も中小企業で 5 万2,000 ドル（520 万円）、大企業で 44 万ドル（4,400 万円）になる。また、12 時間を超える攻撃もあるので、サイバー保険約款の待機期間を超えるケースもあるため当然事業中断による多額の保険金支払が想定されることになる。

　また、「クラウドサービス妨害」はクラウド障害によってクラウドサービスが停止してしまう問題である。クラウドサービス業者が妨害を受けると多くの企業の事業が障害を被ることになる。企業はデータの保存や分析、IT 機能の重要な部分をアウトソースするのにクラウドサービスをますます活用するようになっている。よって、もしクラウドサービスが停止すると多くの企業が損失を被ることになる。そして、多くのサイバー保険はクラウドサービスの停止による事業中断も補償しているので広範に損害が発生し多額の保険金支払につながることになる。

　そして、「金融詐欺」は金融取引を行う複数の企業へのサイバー攻撃による大量の盗取がある。たとえば、複数の金融機関に対する組織的なサイバー攻撃により金融取引から資金を抜き取ったり、ATM から現金を入手したりすることも想定される。このような犯罪は想定以上の被害をもたらし金銭の盗難に対する保険金支払が発生することになる。

　最後に、「サイバー恐喝」であるが、この種の犯罪は増加傾向にあり被害の規模も大型化している。まず、企業のシステムをウイルスに感染させて利用者のアクセスを制限し事業遂行を妨害する。そして、身代金を支払うことを条件にその制限を解除するというものが典型的な手法である。ターゲット企業を無差別に攻撃することで甚大な被害に発展しサイバー恐喝の補償により保険金支

払は巨額なものとなり得る。

　このようなカテゴリーに基づく集積リスクのデータ分析は、今後サイバー保険の発展には不可欠であるが、影響度をみると五つのシナリオのうち三つにおいて「事業中断」が「賠償責任」を上回っていることが理解できる。これは、もはやサイバー保険の役割が賠償責任保険の範疇をはるかに超えているということであろう。

　そして、実際の事業中断の補償条項の一例として次のような文言が想定される。

Business interruption loss cover
"The insurer will pay to the insured the business interruption loss incurred within the indemnity period as a direct result of the total or partial unavailability of the company's computer system, which is first discovered during the insurance period and which is caused by a business interruption event. Cover is only provided where the duration of the unavailability of the company's computer system exceeds the waiting period, in which case business interruption loss will include amounts incurred during the waiting period."

事業中断損失補償
「当会社は、保険期間中に最初に発見され、事業中断事象によって惹起こされた会社のコンピューターシステムの全体的または部分的な使用不能の直接的な結果として、補償期間内に発生した事業中断損失を被保険者に支払います。補償は、会社のコンピューターシステムが使用できない期間が待機期間を超えた場合にのみ提供され、この場合ビジネスの中断による損失には、待機期間中に発生した金額が含まれます。」

　ここにおける事業中断損失（business interruption loss）とは保険事故が発生しなければ得られたであろう補償期間内の営業利益、すなわち逸失利益と考え

てよいと思われる。このような補償は火災保険分野における利益保険と類似しており、保険契約者も保険者もサイバー保険は事業中断損失も補償される分野をまたがる新たな保険であることを強く意識しておく必要がある。

③ 費用保険としてのサイバー保険

　サイバー保険を提供する保険者の中には、アンダーライティングの過程で、サイバーセキュリティの評価サービスを提供するものがある。このようなサービスによって、顧客にサイバーセキュリティの方針や手法について助言したり、システムの脆弱性を解析したり、あるいは侵入テスト（penetration test）を実施したりすることで付加価値を提供している[38]。また、〔図表1-4〕に示しているように、保険期間中は、データ侵害される前と後で様々な追加サービスの提供もしている実態がある。これらのサービスは、中小企業や一部の大企業にとってサイバー保険を購入する誘因になっていたり、さらには、実際にデータ侵害があった場合、迅速・的確に対応でき、インシデント対応の費用を削減する効果もあったりするとされる[39]。このようなサービスへのアクセスが容易に

〔図表1-4〕サイバー保険に付帯されるサービス

リスク削減（侵害前）	危機対応（侵害後）
1）サイバーセキュリティ専門家（技術の保護、脆弱性解析、侵入テスト、セキュリティトレーニング、リスク評価、役員会への説明）	1）法律事務所（規制及び損害賠償請求に対する防御） 2）ITサービス（データとシステムの回復） 3）コンサルタント（フォレンジック調査）
2）コンサルタント（リスク評価、セキュリティ対応のベンチマーク）	4）広報コンサルタント（コミュニケーション支援、ブランド・マネジメント）
3）法律事務所（インシデント対応計画、人格権侵害評価）	5）危機管理会社（クレジット情報・ID情報盗難モニタリング、コールセンター、通知サービス）

出所：OECD, *Enhancing the Role of Insurance in Cyber Risk Management*, 76（2017）をもとに筆者作成。

38　OECD, *supra* note 30, at 75.
39　*Id.* at 76-77.

なるという観点で、これらの付帯サービスは、サイバー保険そのものに付加価値を与えているといえるであろう。そのように考えると、サイバー保険に付帯される追加サービスは、保険の重要な一部分ともいえ、これらのサービスを提供する専門家の知見や支援は欠くことができない要素ということになる。

　たとえば、データ侵害される前のサービスとして、保険契約者側で比較的簡易に自社のセキュリティを評価できる格付ツール[40]が存在する。これらのツールを活用することで、まずは自社のセキュリティの水準が理解できる。具体的には、業界の平均的な水準と比較して自社は高い水準なのか、あるいは業界を下回る水準なのかを格付スコアで把握できる。このように積極的に自社を知る努力が、まずはサイバーセキュリティ対策のスタート地点になろう。格付けは、サイバーセキュリティ格付会社が、各企業のウイルスへの感染度合や情報セキュリティの取組み、行動パターンなどを外部から分析して評価している。また、自社に対してどのような種類のサイバー攻撃が、どの程度の期間なされているのかも把握することが可能になる。すなわち、今までサイバー攻撃されていることに気がついていない保険契約者も、このような格付ツールによる分析で、自社も例外なく日々サイバー攻撃されていることを認識することができる。

　一方、保険者側もアンダーライティングのツールとして活用していることもあるようなので、保険契約者と保険者で同じ目線に立つことができるようになる。そして、情報の非対称性を解消するためにも、サイバーリスクに対して同じ理解を持つことの助けとなるので望ましい。また、保険契約者はより合理的な保険料や免責金額で保険を購入したいと考える場合、まずはサイバーセキュリティ対策を強化すべきであるという理解が促される効果があろう。その結果、望ましい保険条件でサイバー保険の契約ができることになる。

　このように、保険契約者も保険者と協働することによって、合理的なサイバー保険の契約が可能となり、また、追加サービスを提供している専門家とも連携することで、いわゆるサイバーリスクに対する総力戦の様相を呈していることになる。サイバーリスクが他のオペレーショナル・リスクと趣が異なるこ

---

[40]　BitSight, SecurityScorecard, UpGuard etc.

とは明らかであり、競争から共生への発想がなければ、このような新種のリスクは乗り越えられないことを意味する。

そして、サイバー保険の費用保険の補償内容として、事故原因や被害の範囲の調査費用、クレジット情報のモニタリング費用、弁護士への相談を含むコンサルティング費用、データの復旧費用、ハードウェアの復旧費用、当局調査対応費用などの各種防御費用が存在するが、これらの費用が補償されることによって初期対応が確実となり、結果的に損害額の総額を抑制することが可能となるので非常に重要な補償といえる。とくに大企業であれば、事故対応について専門性を備えた人材や専門部署が存在していることがあるが、中小企業ではそのようなゆとりがない場合も多い。よって、中小企業にとって費用保険としてのサイバー保険の重要性はより高まることになり、賠償金・和解金や事業中断損失の補償に期待することなく、外部専門家を確保することとその費用の手当を目的としたサイバー保険の手配があり得るということになる。

また、費用保険としてのサイバー保険の使いやすさを追求するために、保険の発動要件に関して、保険契約者や被保険者側に過度の証明負担を負わせることは避けた方が望ましい点を指摘しておきたい。すなわち、事故のおそれの段階で、被保険者は保険者に事故通知をし、保険者が迅速に損害調査に入り、サイバー攻撃の有無を確認する必要がある。なぜなら、サイバー攻撃を受けている被保険者側は、そのサイバー攻撃自体を認識できないことがあるからである。そこは、専門性のある保険者側の損害調査に期待したいところであるし、保険者としても初動がよければ損害額を最小化できるので、望ましい結果を期待できることになる。

第4節　小　　括

新型コロナウイルスによる混乱は保険の世界にももたらされている。各企業が事業を継続するため従業員に在宅勤務を推奨しているが、遠隔作業によるセキュリティの脆弱性を突いたサイバー攻撃が増えている。また、サイバーセキュリティ会社の調査によると、パンデミックの初期に、イタリアでは他の国

と比較してフィッシング詐欺の急増をみせており、ハッカーが総力を挙げてユーザーの認証情報を狙っていたとされる。

　そして、企業における IT 技術の有効活用は、最高経営責任者（CEO）でも最高情報セキュリティ責任者（CISO）でもなく、新型コロナウイルスが推進しているという皮肉な表現があるが、サイバー保険を企業のリスク管理の一環で活用することは検討を積み重ねるべき課題であると思われる。

　わが国と異なり、アメリカにおいては過去の保険訴訟の積み重なりのおかげで、サイバー保険の存在価値や役割が比較的理解されやすい状況にある。伝統的な財物保険や賠償責任保険、犯罪保険ではサイバーリスクに対する十分な補償とはならない。保険契約者は、伝統的な保険に対する保険金請求を通じて、サイバー保険の必要性を学んだといえる。

　一方、わが国においては議論の蓄積もなく、サイバー保険の存在すら認識していない企業もあると思われる。今後、海外で先行している議論も参照しながら、各企業でサイバー保険にどのような役割を与えて活用していくべきなのかの検討は必要になってくるであろう。そのとき、アメリカの先行事例を踏まえつつ、賠償責任保険としての機能のほかに、事業中断保険としての機能、あるいは費用保険としての機能もあることにも留意し、自社の活用戦略を考えていくことが重要だと思われる。大企業と中小企業ではサイバー保険に対する期待は異なり、活用のされ方も異なることであろう。今後、多くの事例を積み重ねて、各社が自社にとって有効なサイバー保険の利用方法を模索していくことになる。

第2章
サイバー保険の機能と約款の分析

第1節　序　　説

　サイバー保険は非常に新しい保険であり、純粋経済損害を補償する保険の中でも、とくにその本質的機能や保険約款の理解が難しいと思われる。しかし、このサイバー保険が今後、企業のリスク管理に果たす役割は大きい可能性もあり、無形資産を活用して事業展開する時代には必須の保険になると思われる。

　ただし、同じサイバー保険でも大企業にとっての役割と、中堅・中小企業にとっての役割では異なるであろう。その点の整理をすることは、サイバー保険の有効活用に重要であると思われ、さらにサイバーセキュリティ対策との関係で、サイバー保険の活躍の場というものも見出していく必要があると思われる。

　また、サイバー保険約款は、他の賠償責任保険と比べると、約款解釈の難度が高いと考えられる。定義規定も多く、補償条項も定義規定を参照しないと理解が難しい。費用補償も種類が多すぎ、保険者によっても異なるので比較もままならない状況である。そして、戦争危険免責の解釈では大きな課題を残しており、その解決策も提言されているので、その点も指摘しておくことは、今後の議論に有用だと思われる。

　本章では以上の各種論点を基本に、サイバー保険について自身の考えと解釈を論じていきたいと思う。どの議論も現在進行形であり、常に新しい切り口が提言されているので、その都度検証していく必要がある点を補足しておきたい。

第2節　リスク管理としてのサイバー保険

1 無形資産を活用する時代の保険

アメリカは2000年頃を境に無形資産への投資が有形資産への投資を上回っ

ているといわれる[1]。一方、日本では一貫して有形資産への投資の比重がまだ多いわけであるが、今後、無形資産への投資を増やして生産性を上げていくことが重要になってくる[2]。

　ここでいう有形資産とは建物や設備、機械、在庫、自動車あるいは現金や有価証券なども含まれ、いわゆる火災保険、機械保険、動産総合保険、自動車保険、現金・有価証券保険など伝統的な財物保険の対象となる資産になる。一方、無形資産は、知的財産、データ、ノウハウ、ブランド、企業秘密、情報などになり、サイバー保険や個人情報漏えい保険、知的財産訴訟保険などが対象とする資産になる。

　ここで重要なのが、今後企業は有形資産を活用して利益を生み出していた時代から、無形資産投資を増やしつつ無形資産を活用した事業活動に移行することになり、保険によって守らなければならない主要な保険の目的も変わってくるということである。すなわち、火災保険や自動車保険のような従来型の保険から、サイバー保険を筆頭に無形資産を守る新しい保険の役割や機能が重要になってくるということであろう。

　実際、アップル社、アマゾン社、ファイスブック社などの時価総額で上位 5 社のアメリカのトップ企業は、全資産のうち無形資産が 84％を占めるまでになっており[3]、リスク管理における重要性の比重は明らかに有形資産から無形資産へ移行している。とくに 21 世紀に入り、製品の研究開発、製造、販売後のブランド化の三つのプロセスにおいて、製造のプロセスが生み出す付加価値よりも、研究開発や販売後のブランド化が生み出す付加価値のほうが高くなる傾向が顕著にあり、無形資産が有形資産以上に企業の競争力の維持に重要になり無形資産投資も増えることになる[4]。

1　OECD, *Supporting Investment in Knowledge Capital, Growth and Innovation*, OECD Publishing, Paris 24 (2013).

2　内閣府「平成 23 年度 年次経済財政報告―日本経済の本質的な力を高める―」187 頁（2011 年）。

3　Ponemon Institute, *2019 Intangible Assets Financial Statements Impact Comparison Report*, 1 (2019).

4　WIPO, *Intangible Capital in Global Value Chins*, World Intellectual Property Report 2017, 24 (2017).

　一方でこのような無形資産による事業活動の活発化があるにもかかわらず、サイバー保険に関する認知度はまだ低い。世界の企業に所属する2,348名のサイバーリスクやエンタープライズ・リスクマネジメントの担当者に対する調査によると、財物などの有形資産の潜在的な損害に対する保険のカバー率は60％であるにもかかわらず、無形資産である情報資産の潜在的な損害に対する保険のカバー率は16％でしかないといわれる[5]。そして、67％の担当者はサイバーリスクのエクスポージャーが増加傾向にあることを認識しているにもかかわらず、すでにサイバー保険を購入している担当者の58％は補償条項や免責条項、支払限度額などについて十分な内容になっているという意外な回答をしている[6]。

　このようにサイバー保険に対してさらなる保険条件の改善や支払限度額の増額についてあまり積極的にはみえない現状について、多くの担当者は、リスクに対して補償条項が不適切である、保険料が高すぎる、多くの免責条項が存在するという認識でいるようであり[7]、サイバー保険の普及に対する障害が存在していることになる。この点、サイバー保険を提供する側で改善の余地があることになろう。

　そして、大企業だけではなくサイバーセキュリティに脆弱性が残る中小企業がサイバー攻撃の標的になることもあり、サイバー攻撃を受けたかどうかの調査にPC1台で100万円もかかるといわれているので、中小企業にとってもサイバー保険の購入を検討する価値はある。中小企業でもビジネスモデルによっては大量の個人情報やクレジットカード情報を保有している場合もあり、サイバー攻撃の標的となりやすい。ネット販売による事業を行っている場合では、カードの不正使用による損害、一定期間のウェブサイトの閉鎖による損害、顧客へのお詫び費用、コールセンターの設置費用、クレジットカードのモニタリング費用等、損害額が高額になることが想定される。このように、大企業であろうと中小企業であろうと、無形資産に対するリスク管理の重要性は増してお

5　Ponemon Institute, *supra* note 3, at 4.
6　*Id.* at 17.
7　*Id.* at 22.

り、サイバーセキュリティとともにサイバー保険の価値を理解しつつ両者のバランスをとりながら自社での活用方法を検討していくことは重要である。

　一方、保険の技術的な問題で課題になるのは、従来のように有形資産を守る保険に比べて無形資産を守るサイバー保険の引受の難度が高いということである。その点について、自然災害リスクとサイバーリスクの比較的考察からいくつか指摘がある [8]。

　たとえば、伝統的に保険者は様々な分野の不確実性やリスクを扱うことになれており、自然災害や事業中断、さらにはテロリストによる攻撃などに対する補償を提供しているが、新たに発生するサイバーリスクへの対応にはなれていない。そして、地震はいつでもどこでも発生する可能性があり、物的損害、人的損害を引き起こし事業活動やサプライチェーンを中断させ、その点ではサイバー攻撃の場合も同じような被害をもたらすといわれているものの、サイバー攻撃は深刻度が高いだけでなく、高頻度で発生するということが指摘される。さらに、長年の観測と過去の記録に基づき、自然災害は一定の頻度で発生することがわかっており、世界中で複数の地震が同時に発生する可能性は低い一方で、サイバー攻撃は複数の組織で同時に発生する可能性があるという違いがある。

　また基本的に、自然災害は人間の行動が直接の原因ではないとされる一方で、サイバー攻撃の大半は、人間が意図的あるいは意図せずに起こしている。さらに、多くの自然災害は、特定の災害にさらされる条件や場所がよく知られており、常にモニタリングされているためサイバー攻撃よりも損害額を予測することが容易である。すなわち、自然災害の発生事例は高度に精査され、膨大な記録が残されている一方で、サイバー攻撃の過去データは限られており、体系化されていないリスクを評価するための既存モデルや利用可能な情報はまだ限られているという課題がある。

　このように、伝統的に保険者や各企業が長年対処してきた自然災害リスクに

8　Michael Siegel et al., *Cyber Insurance as a Risk Mitigation Strategy*, The Geneva Association research report 12 (2018).

比べて、サイバーリスクは、事故の発生形態や発生頻度、地理的制約のなさ、事故データの蓄積量の不足、観測や記録の難しさなどの点で異なっているといえる。そして、多くの企業がビジネスモデルの変革期にあり、有形資産から無形資産を利用した事業に比重を移している状況で、保険者も企業もこの新しく現れたサイバーリスクに対応するためのノウハウを蓄積していかなければならないことになる。このことは、伝統的な火災保険や自動車保険を過去のものとするぐらいに大きな変化の兆しがみえてきているということなのかもしれない。

②　企業規模による保険の役割の差異

　サイバー保険の普及を後押しする事象として犯罪組織が支払詐欺、個人情報の窃取、盗んだ情報の犯罪利用が組織として旨味のあるビジネスであるということに注目しはじめたことがある。皮肉にもサイバー犯罪の増加が、サイバー保険の必要性を認識させるきっかけになっているわけであるが、一般的に一つの誤解があるといわれる。すなわち、犯罪組織は世界的な多国籍企業をターゲットにしているということである。しかし、むしろサイバー攻撃に対する脆弱性からすると、セキュリティ方針や手続きに不備がありがちな中堅・中小企業がサイバー犯罪組織から狙われるということを踏まえておく必要がある。

　このような状況で、とくに財務基盤が脆弱な中小企業にとってサイバー保険がリスク管理の道具として有用な側面がある。たとえば、いったんデータ侵害が発生すると被害の甚大さのために危機対応費用や弁護士費用あるいは損害賠償金が中小企業では負担しきれないほど高額になる可能性があるためである。さらに、中小企業は危機時のサイバーセキュリティの専門家、フォレンジック調査会社、サイバーリスク専門弁護士などとのネットワークも不足しているため、保険者を通じて専門家を紹介してもらい適切な初動をとることも一つの実用的な活用方法になる。

　しかし、中小企業に対するサイバー保険の販売で課題になるのが、中小企業のサイバーリスクに対する認識の欠如である。一般的に中小企業ではサイバーセキュリティに関して専門性のある人材は不足しており、専門部署も不在である。そして、自社がサイバーリスクに対してどれほど脆弱であるかの認識も不十分なため、当然サイバー保険の検討にまで至らない。さらに、保険者にして

も保険ブローカーにしても、サイバーリスクを熟知していない中小企業に対してマーケティング活動や啓蒙活動に膨大な時間と費用を要することが課題であると認識している[9]。

ところが、アメリカで2015年から2019年に発生したサイバー保険に対する3,547件の保険金請求について調査した結果によると、売上高が2,000億円未満の中堅・中小企業の保険金請求が全体の98％を占め、売上高2,000億円以上の大企業の保険金請求は2％という結果がある[10]。さらに、中堅・中小企業におけるインシデント対応費用の平均は約1,700万円、危機コンサルティング、フォレンジック、通知対応、クレジット・モニタリング等の危機管理費用の平均は約1,300万円、そして、防御費用や行政対応費用の平均は約800万円かかるとされている[11]。この点で、中小企業にとってサイバー攻撃に対処するための費用は企業規模に比して高額になるので、サイバー保険を含めたリスク管理が有効になる。

このような背景を考えると、サイバー保険を従来の賠償責任保険と同じように扱うのではなく、とくに中堅・中小企業に対しては、保険機能以外の付加価値の部分も重要な役割として捉える必要がある。すなわち、サイバー攻撃が発生する前と後のサポートも含めた価値連鎖（value chain）の視点でサイバー保険を再構築することが考えられ、その価値連鎖がうまく機能すれば顧客企業にとって魅力的な提案になるし、保険者にとっては損害率の改善にもなるので収益性にも貢献することになる[12]。

一方で大企業にとっては、サイバー保険を活用しようと思うと実務的な問題が発生する。すなわち、どの保険者も自社のリスク管理の観点から、10億円超の支払限度額は提供しない傾向がある。結果的に、保険ブローカーをとおして複数の保険を積上げ、高額な支払限度額を確保する必要が出てくる。実際、海外では400億円から500億円程度の支払限度額を確保した事例[13]はあるよ

9　*Id.* at 18.

10　NetDiligence, *Cyber Claims Study 2020 Report*, 1 (2020).

11　*Id.* at 2.

12　Siegel et al., *supra* note 8, at 19-20.

うであるが、非常に複雑な手続きが必要になってくるであろう。しかも、昨今の保険市場のハード化の影響で、確保できる支払限度額の総額が200億円から300億円程度に下がってきているようである。

　そもそもサイバーリスク自体も新しいリスクで、リスクの見極めが難しいので保険料が高額になりがちである。よって、合理的な保険料で適切な支払限度額を設定するためには、高額な免責金額を採用するなど工夫が必要である。問題は適正な支払限度額や免責金額がどの水準であるのか判然としない課題がある。とくに参照できるベンチマークもない中で、当面は手探りの状況が続くであろう。

　それでも大企業にとってサイバー保険の購入を検討する価値はある。実際にアメリカの小売業ターゲット社は、データ侵害によって4,000万人の顧客情報が盗取された後、速やかに規制当局へ通知していないこと、および顧客への正確な通知を怠ったことで、株主から役員に対して代表訴訟が提起され、さらには会社としての危機管理対応費用や弁護士費用に300億円も負担したということである。そして、サイバー保険は自家保険部分の約10億円を含めて、合計100億円程度の支払限度額が手配されていたが、合計の損害額をカバーするには不十分であったとされる[14]。この事件については、単なる情報セキュリティの管理ミスと捉えるのは誤りで、どんなに高度な対策を施していても、それを上回るサイバー攻撃が実行されることがあるということをあらためて理解しておく必要がある事案といえる[15]。

　このような事実を踏まえると、企業規模の大小によってサイバー保険に対する期待や役割が異なることがわかる。とくに中堅・中小企業にとってはサイバー保険を一つの単独の保険商品として考えるのではなく、サイバーセキュリティ全体を検討するうえでの一機能として捉える必要がある。保険者の視点で

13　Willis Re, *Market Realities 2017: Spring update*, 14（2017）.

14　Business Insurance, Target has ＄100 million cyber insurance and ＄65 million of D&O coverage, 19th January, 2014.

15　長尾慎一郎「米国の実例とセキュリティ政策からみたサイバーリスクへの備えと情報開示の考え方」旬刊経理情報1406号58頁（2015年）。

は、中堅・中小企業のセイバーセキュリティの高度化のために、サイバー保険にどのような付加価値を提供することで目的達成ができるのか検討することになる。すなわち、中小企業に提供できる価値連鎖の中でサイバー保険を位置付け、顧客企業にとって保険を含む一連のサイバーセキュリティのサービスが意味あるものにならなければならない。よって、サイバーリスクやサイバーセキュリティに対する理解や認識を深める教育や啓蒙活動にはじまり、サイバーセキュリティの高度化、サイバー攻撃の発見、サイバーインシデントの対応、そして損害の回復および復旧等、保険以外のサービスを含めたより包括的なアプローチが必要になる。

　一方、大企業には最高情報セキュリティ責任者（Chief Information Security Officer、以下「CISO」）やサイバーセキュリティ専門部署があるので、よりサイバー保険に焦点を合わせた検討が必要になる。なぜなら、中堅・中小企業で不足しているサイバーリスクに対応するための経営資源は社内に十分あることが多いからである。ゆえに、大企業は保険者をサイバーセキュリティ対策のパートナーとして捉え協働していくことになる。

　とくに注意が必要なのはサイバー保険の検討や契約締結が、CISO の能力不足や業務遂行力の欠如の結果であるというメッセージにならないようにすることは必須である。なぜなら、CISO のサイバーセキュリティ対策が拙劣なので、サイバー保険を購入せざるを得ないのだと経営陣が考える可能性も否定できないからである[16]。そして、もし最高リスク管理責任者（Chief Risk Officer、以下「CRO」）が保険契約締結の権限者であるのであれば、なおのこと保険者は顧客企業のパートナーとして、CISO と CRO の双方とのコミュニケーションは正確に適度な頻度で行うべきである。そして、組織内においても CISO と CRO は相互に情報共有し、同じ戦略をもってサイバーリスクに対処することが必要になる。

③ サイバーセキュリティのリスク管理

　2014 年に会社法が改正された際に、大会社および指名委員会等設置会社に

16　Siegel et al., *supra* note 8, at 22.

ついては、取締役会において子会社を含めた内部統制システムを構築すること
が規定され（会社法362条4項6号・5項）、会社法施行規則100条に業務の適
正を確保するための体制が規定された。その内容は、①法令遵守体制、②損失
危険管理体制、③情報保存管理体制、④効率性確保体制、⑤企業集団内部統制
システムがあげられる。そして、サイバーセキュリティの観点では、①がわが
国の個人情報保護法や不正競争防止法、EU一般データ保護規則（General Data
Protection Regulation、以下「GDPR」）、カリフォルニア州消費者プライバシー
法（California Consumer Privacy Act、以下「CCPA」）等のアメリカの厳格なプ
ライバシー保護法制の遵守、②がサイバーセキュリティに関するリスク管理体
制、③はインシデントに際しての情報の毀損の防止のための体制、⑤が企業グ
ループ全体のサイバーセキュリティ体制の構築が必要ということになる[17]。

　どのような体制を整えればよいのかという課題については、業種、事業内容、
組織規模、事業展開している地域などによって正解は一つではない。一般的に
IT部門の専門家はセキュリティ対策を過度に重視する傾向があるため、円滑
な業務運営の観点から不便なIT環境になることもあり、リスクマネジメント
の視点からは、ある程度の予防策をとっても防げないリスクは保険に転嫁する
という、リスクの保有と移転の枠組みも必要になる。これは経営判断の問題で
もあり、まさしく内部統制システム構築の過程で取締役会において体制整備に
ついて議論して決定することになる[18]。

　そして、サイバーセキュリティに関する内部統制システムを構築するにあ
たっては、これまでのサイバーインシデントの事例の蓄積や、関連する行政機
関等が公表するガイドラインを十分に踏まえ、通常想定されるサイバーインシ
デントを防止し、被害を最小化するために必要な対策を講じ、もしサイバーイ
ンシデントが生じる特別の事情がある場合にはその対応も必要になってこよ
う[19]。

　それでは、具体的に何をすればサイバーセキュリティに関する内部統制シス

17　増島雅和＝蔦大輔『事例に学ぶセイバーセキュリティ』33頁（経団連出版、2020年）。
18　山岡裕明「情報漏えいと取締役の情報セキュリティ体制整備義務」中央ロー・ジャーナル14巻
　3号116頁（2017年）。

テムを構築していたといい得るのであろう。たとえば、世界の多くの企業が比較的参照しているといわれるアメリカ国立標準技術研究所（National Institute of Standards and Technology, 以下「NIST」）のサイバーセキュリティ・フレームワークがあり[20]、その枠組みを活用することは一つの方法であろう。とくに当該フレームワークはサイバー攻撃の対策が深く詳細に示されている特徴があるので検討の価値がある。

　そのフレームワークによると、サイバーセキュリティ対策には、識別（identify）、防御（protect）、検知（detect）、対応（respond）、回復（recover）があり、さらに詳細な対策として複数のカテゴリーが定義されている。そして、それぞれの対策について自社でどこまで対応できているのか判断しやすい評価基準を設けており、自社の現状と目標の乖離を分析できるように構成されている。このようなフレームワークを用いて内部統制システムを構築することも可能であろう。もちろん、自社にとって正しい方法がどれかは組織によるし、正解は一つしかないということではないので、どのようなフレームワークを使うかは、自社の判断になる。いずれにても、サイバーセキュリティ対策を講じていることが大切であり、不都合があればその都度改善していく、あるいは異なるフレームワークを活用してみる、といった試行錯誤は必要である。

　また昨今、個人情報保護に関する法令は、日本を含めて各国で厳格になっている。わが国においては、2020 年に個人情報保護法が改正されており（2022 年 4 月 1 日施行）、ますます事業者側に厳格な内容になっている。たとえば、個人データの漏えい等が生じた場合、個人情報保護委員会[21]への報告および本人への通知が法律上の義務となり、その義務違反が個人情報保護委員会による勧告、命令、違反の事実の公表等の処分対象とされている（改正個人情報保護

19　塩崎彰久ほか編『サイバーセキュリティ法務』19-23 頁（商事法務、2021 年）によると、日本システム技術事件判決（最判平成 21 年 7 月 9 日判時 2055 号 147 頁）やヤクルト事件東京地裁判決（東京地判平成 16 年 12 月 16 日判タ 1174 号 150 頁）にそのような考えがみられる。

20　National Institute of Standards and Technology, *Framework for Improving Critical Infrastructure Cybersecurity*, ver. 1.1 (2018).

21　個人情報保護法に基づき設置された日本の行政機関で、事業者に対して報告を求める、あるいは立入検査を行うことができ、指導、助言、勧告・命令を行う。

法42条1項、3項、4項）。よって、これまで以上に個人データの漏えい等が発生した場合、それを発見し、情報を集約し、速やかに個人情報保護委員会に報告するとともに、本人に通知することができる危機管理のフローをマニュアルも含めて整えておく必要がある [22]。

　また、EU の GDPR もわが国の個人情報保護法以上に厳格であり、個人データの利用に関する同意も、消費者がウェブサイトの同意にチェックしたから大丈夫であると安易に考えるのはリスクがあるとされる。すなわち、有効な同意と認められるためには厳格なハードルがあるので、消費者にわかりやすい方法をとる必要がある [23]。そして、違反行為の一覧に応じた行政的制裁金の金額も高額であり [24]、域外適用を受ける可能性のあるわが国でも注目をされたわけであるが、ウェブサイトの同意の要件を具備していない場合には、最大 2,000 万ユーロ（26 億円）あるいは全世界年間売上高の 4%という巨額の制裁金が科せられる可能性があることになる。このように個人データの適切な処理がなされていない企業には、EU 当局が厳罰で挑む姿勢が明らかであるので、わが国の個人情報保護法よりも一段上の対応が求められる。

　アメリカにおいては CCPA が有名であるが、包括的な連邦法はなく各州によって法律が存在している。カリフォルニア州は CCPA とは別にデータ侵害通知法（California Civil Code 1798:29 and 1798:80）が制定されており、データ侵害があった場合は、当局に通知する義務が定められている。そして、カリフォルニア州に限らず、すべての州の法律が一定規模のデータ漏えいがあった場合に消費者や当局に通知する義務があり、大量の個人情報や機微情報、医療情報など扱う事業者は、当該分野の専門家にすぐに相談できる体制を整えておくこ

---

[22]　岩瀬ひとみほか『2020 年個人情報保護法改正と実務対応』91 頁（商事法務、2020 年）。

[23]　小向太郎＝石井夏生利『概説 GDPR』63-64 頁（NTT 出版、2019 年）。

[24]　GDPR の制裁金には次の 2 種類があり、①責任に基づいて処理行為の記録を保持しない場合、リスクに対する適切なセキュリティレベルを保証する適切な技術的・組織的な対策を実施しなかった場合、セキュリティ違反を監督機関に通知する義務を怠った場合などには、最大 1,000 万ユーロまたは全世界年間売上高の 2%のどちらか高い方、②個人データの処理に関する原則を遵守しなかった場合、適法に個人データを処理しなかった場合、同意の条件を遵守しなかった場合などには、最大 2,000 万ユーロまたは全世界年間売上高の 4%のどちらか高い方の制裁金が科せられることになる。

とが重要になる[25]。また、CCPA は、法定損害の請求が認められている[26]ので、多くの個人情報が漏えいし、集団訴訟（class action）が提起されると損害賠償額の総額が高額となることが想定され、たとえば、10 万人の個人情報の漏えいで 1,000 万ドル（10 億円）以上にもなる可能性があるとされる[27]。やはりアメリカの場合は集団訴訟も想定した対応を考えておくことが重要であろう。

第 3 節　サイバー保険約款の機能的分析

1 賠償責任補償条項の解釈の難度

保険約款の賠償責任条項について、D&O 保険、専門業務賠償責任保険（以下「PI 保険」）、雇用慣行賠償責任保険（以下「EPL 保険」）等の従来のファイナンシャル・ライン[28]の保険とサイバー保険との間に大きな違いがあるとすれば、保険約款において従来のファイナンシャル・ラインの賠償責任保険はオールリスク型の発想で約款解釈ができたものが、サイバー保険では限定列挙型の視点が必要になることである。

たとえば、D&O 保険約款の賠償責任条項では次のような規定ぶりになっている。

> Directors & Officers Liability
>
> "The insurer will pay to or on behalf of an insured person the loss which the insured person is legally liable to pay as a result of a claim or the reasonable costs and expenses incurred under any applicable extension unless the insured person is entitled to be indemnified by the company for such loss."

25　松本絢子 = 河合優子『いますぐわかる CCPA の実務対応』159 頁（中央経済社、2020 年）。

26　1 件の違反につき 100 ドル以上 750 ドル以下の法定損害または実損害のいずれか大きい額の賠償請求。

27　松本 = 河合・前掲注 25　59 頁。

28　純粋経済損害を補償する保険をファイナンシャル・ライン（financial lines）ということがある。賠償責任保険のみならず、保証保険なども含める場合がある。

役員の賠償責任

「当会社は、賠償請求あるいは適用されるあらゆる拡張補償条項の下で発生する合理的な費用と諸経費の結果として、被保険者が法的責任を負う損害について、被保険者がそれらの損害を会社から補償される権利がない場合に限り、被保険者に、または被保険者に代わって保険金を支払います。」

あるいは、EPL 保険約款の賠償責任補償条項は次のとおりである。

Employment Practice Liability

"The insurer shall pay on behalf of the insureds all loss for which the insured becomes legally obligated to pay on account of any employment practice claim first made against insured during the policy period or, if exercised, during the extended reporting period, for a wrongful act committed, attempted, or allegedly committed or attempted, by an insured before or during the policy period."

雇用慣行賠償責任

「当会社は、保険期間中もしくはその開始前に被保険者がなしたもしくは企てた不当行為またはその申立てに起因して、保険期間中もしくは延長通知期間の行使がある場合はその期間中に、被保険者に対し最初に雇用慣行に関する請求がなされたことにより被保険者に法律上の支払義務が生じるすべての損害について、被保険者のために保険金を支払います。」

保険者によって規定の仕方は様々であるが、いずれにしてもあらゆる賠償責任事故に対して広く補償を提供していることを確認し、その後、免責条項を一つずつ読んでいけば、補償の対象となる保険事故と対象外の事故を理解することが可能である。よって、意外に補償の輪郭を明確にする作業は難しくない。

ところが、サイバー保険約款の賠償責任補償条項はより複雑で、限定列挙的

になっていることが多い。保険事故を類型化して専門用語を使い、その専門用語について定義を参照する規定になっている。よって、D&O 保険や PI 保険、EPL 保険では、賠償責任補償条項を読み飛ばしても、免責条項を確認しておけば補償の全体像を理解できる構成になっているにもかかわらず、サイバー保険ではまず賠償責任補償条項を丁寧に解釈する必要がある。

　たとえば、あるサイバー保険約款の賠償責任補償条項では、一般的な賠償責任の条項に加えて保険の対象となる事象を列挙している。その列挙されている事象は、データ侵害（data breach）、サイバー攻撃（cyber attach）、人的エラー（human error）、電子メディア・クレーム（electronic media claim）などと記載され、これらの文言は別途規定される定義を読むことで明らかになる。当然、この定義から外れる事象は保険の対象外になるので、免責条項だけ確認して補償の範囲を画定しようとするのは無理がある。いわばサイバーリスクの扱いを複雑な補償条項と免責条項のパッチワークで構成した保険約款で対処しようとしているのが、今のサイバー保険といってよいであろう[29]。

　また、アメリカやシンガポールで積極的にサイバー保険の営業を展開している保険者の保険約款[30] を参照する機会を得たが、やはり賠償責任補償条項が複数あり[31]、一つの条項で済ませることにはなっていない。まずは、データ・セキュリティとプライバシー（data security and privacy）に起因する損害賠償請求について補償を提供するとあり、次に規制（regulatory）、支払機能付きカード業界（payment card industry）、サイバー・メディア（cyber media）と続く。比較的シンプルで理解が容易な読みやすい保険約款の構成になっているものの、用語の定義を一つひとつ参照しなければならず、他のファイナンシャル・ラインの賠償責任保険約款に比較して、それなりのわずらわしさがある。

　サイバー保険約款の賠償責任補償条項においてこのように複雑な規定になるのは、各保険者が未知の事象に対して慎重にリスクをとりにいっている現れであろう。よって、サイバー保険の賠償責任補償条項は、オールリスクですべて

[29]　榊素寛「サイバーリスクと保険の全体構造」損保研究 83 巻 2 号 6 頁（2021 年）。
[30]　Berkley Insurance Company, Berkley Cyber Risk Protect.

のリスクをいったん引き受け、免責条項でハイリスクを排除する出口審査型ではなく、最初からとりたいと思うリスク事象を選別する入口審査型といえるかもしれない。さらに、通常の免責条項のように対人・対物免責や戦争危険免責、被保険者間訴訟免責、知的財産免責、雇用慣行免責等、よくみられる免責により補償対象はさらに制限される。サイバー保険約款が何を補償しているのか理解するのが難しいといわれるのは、多くの定義規定を伴った賠償責任補償条項と免責条項の両方を確認しながら、補償される範囲を画定する作業が必要になるからであろう。

　しかし、前述のとおり無形資産を活用して事業展開する時代には重要な補償であることに変わりはない。たとえば、近年プラットフォームビジネスは一つの主要なビジネスモデルになっている。そして、ユーザーによる詐欺が行われた事案において、プラットフォーム事業者の責任は利用規約の定めに従うとされるが、信義則上、利用者に対して欠陥のないシステムを構築してサービスを提供する義務を負うとされた裁判例 [32] もある。プロバイダ責任制限法の改正の議論も活発なようで、インターネット上の誹謗中傷などに対する事業者の対

31　LIABILITY COVERAGES

1. Data Security and Privacy

The Insurer will pay, on behalf of the Insured, Damages resulting from a Claim first made against the Insured during the Policy Period or Extended Reporting Period (if applicable), alleging a Data Security Event, provided such Data Security Event first occurs on or after the Retroactive Date and before the end of the Policy Period.

2. Regulatory

The Insurer will pay, on behalf of the Insured, Damages resulting from a Regulatory Claim first made against the Insured during the Policy Period or Extended Reporting Period (if applicable), resulting from a Privacy Event, provided such Privacy Event first occurs on or after the Retroactive Date and before the end of the Policy Period.

3. Payment Card Industry (PCI)

The Insurer will pay, on behalf of the Insured, Damages resulting from a PCI Claim first made against the Insured during the Policy Period or Extended Reporting Period (if applicable), resulting from a Privacy Event, provided such Privacy Event first occurs on or after the Retroactive Date and before the end of the Policy Period.

4. Cyber Media

The Insurer will pay, on behalf of the Insured, Damages resulting from a Claim first made against the Insured during the Policy Period or Extended Reporting Period (if applicable), alleging a Cyber Media Event, provided such Cyber Media Event first occurs on or after the Retroactive Date and before the end of the Policy Period.

応に関する論点などもあるので注視する必要があり[33]、サイバー攻撃が第三者に対する名誉毀損を惹起するケースなども想定し得る。

　また、コンテンツ配信型プラットフォームにおいては、ユーザーのコンテンツが第三者の著作権を侵害することがあるが、著作権者がプラットフォーム事業者に対して、著作権に基づく差止請求や損害賠償請求をすることがあり[34]、この点でもサイバー攻撃に起因して生じる著作権侵害というリスクも懸念される。

　さらに暗号資産交換業においても情報漏えいが話題になるが、資金決済法63 条の 8 において、情報の安全管理のための必要な措置を講じなければならないし、自主規制規則においても、暗証番号、パスワード、クレジットカード情報等の情報について管理ルールを定める必要性も規定されている[35]。とにかく一度漏えい事故が発生した場合は損害額が巨額にのぼる。

　以上のように、新しいビジネスモデルに付随する予測困難な賠償責任リスクに対して、サイバー保険の賠償責任補償条項が有効性を発揮することはあり、サイバーリスクに対する備えとして必須の補償である。そして、現状わが国でも保険約款作成の難しさもあり、解釈の不確実性も高いと指摘されている[36]ので、今後は、保険約款の標準化も検討課題となるであろう。

2 初動のための費用補償と付帯サービス

　サイバー保険約款における防御費用の補償は、被保険者が負担する合理的な費用で、保険金支払については保険者の事前の合意を要求しているのが一般的である。また、保険者が防御義務を負っている約款もあれば、防御義務を負わず、被保険者に防御を委ねる約款もある。さらに、損害賠償請求に対する防御のみならず、当局の正式調査に対応するための調査費用も保険金支払の対象となっており、防御費用の定義とは別に調査費用の定義を置いていることもある。

32　名古屋地判平成 20 年 3 月 28 日判時 2029 号 89 頁、名古屋高判平成 20 年 11 月 11 日裁判所ウェブサイト（ヤフーオークション事件）。

33　岡田淳ほか編『プラットフォームビジネスの法務』248-249 頁（商事法務、2020 年）。

34　岡田ほか編・前掲注 *33*　253 頁。

35　河合健ほか『暗号資産・デジタル証券法』92 - 93 頁（商事法務、2020 年）。

36　榊・前掲注 *29*　42 頁。

　また、規定の方法は様々であるが、サイバー保険約款の多くは費用保険とし
てフォレンジックサービス費用、当局への通知やモニタリング費用、危機管理
費用、データ復旧費用など、広範な補償を提供しており、さらに特殊な費用も
補償されていることがあるので、補償の比較は極めて困難である[37]。補償の比
較に実質的な意義があるかといえば、結局は保険事故が発生した場合に事案ご
との約款解釈となるという割り切りもあり得る。そして、一つひとつの補償の
違い以上に、実際に保険事故が発生した場合に、迅速に滞りなく保険金支払が
なされるかという視点での保険の選択もあり得るであろう。そのような視点で、
費用の些細な違いは捨象し、各保険者の損害調査サービス能力や実績を重視す
るというのも被保険者にとって有効な判断基準だと思われる。

　そして、サイバー保険約款における各種費用補償の提供は、まさしく前述し
た価値連鎖の観点から、保険商品の再構築の意義が含まれている。これは保険
者がサイバーセキュリティのコンサルティング会社との提携を拡大している状
況があり、保険商品のみではなく付加価値の側面も含めた取組みとなり、従来
のファイナンシャル・ラインの保険と一線を画す現象であろう。また、前述の
サイバーセキュリティ・フレームワークの、識別、防御、検知、対応、回復に
基づいて費用保険の機能を分析することも可能である。

　まず、保険約款に規定されている費用補償が機能する場面は、検知、対応、
回復の対策において生じることが多いと思われる〔図表2-1〕。「検知」におい
ては、サイバー攻撃など異常な活動を検知し、各種インシデントをモニタリン
グする必要がある。もしサイバー攻撃を受けた場合は、その時点で保険者の同
意を得て各種費用の保険金が受け取れる可能性がある。「対応」については、
サイバー攻撃が検知された後、迅速な初動が必要であり、対応計画を策定しコ
ミュニケーション戦略を検討することとなる。また、IR を含めた情報開示を
どのように進めるべきか考えなければならない。日本企業としてとくに拠り所

37　このような費用補償以外にも自社のための補償（first party coverages）として、前述の
　　Berkley Insurance Company, Berkley Cyber Risk Protect では、データ侵害対応（data breach
　　response）や事業中断（business interruption）、レピュテーションリスク（reputation risk）、ラ
　　ンサムウェア恐喝（ransomware extortion）、サイバー犯罪（cyber crime）等を提供しており、
　　その他の保険約款でも類似の補償を提供していることは多い。

となる指針があるわけではないが、財務情報や他の経営情報の開示と同様、内部統制の導入と維持が求められ、全社的なリスク管理の枠組みで取り組んでいる必要がある [38]。

　また、「復旧」についても元の状態に戻すために、迅速な計画策定と復旧作業が必要になる。原状回復が早ければ、それだけ事業中断損失も少なくて済むので、保険者のクレーム・ハンドリングとして全体の損害額を抑制する意味でも重要である。

　一方、それ以外の識別、防御に関しては、価値連鎖の視点で検討された保険者のマーケティング戦略としての側面があると思われる。「識別」は、自社でサイバーセキュリティについて、どのようなシステムや人材、機能が必要なのか理解する必要があるが、その点、保険者はサイバーセキュリティのコンサルティング会社を紹介している。たとえば、自社のサイバーセキュリティの水準が同業他社と比較して高いのか低いのか、セキュリティの格付けを通して理解することは、サイバーセキュリティ対策のスタート地点に立つ意味で大切である。自社がどのウイリスに対して脆弱であるのか、情報セキュリティの取組み姿勢はどうなのか、サイバー攻撃に対する従業員の行動パターンはどうなのか分析評価できれば、そこからどう改善していけばよいのかがわかる。

　「防御」も、サイバー攻撃から自社をどのように守るかの研修の実施、ネットワークへのアクセスの制御、情報漏えいに対する防御対策の実装などがあり、これらの施策に対して保険者が専門家を紹介する活動も行っている。侵入テストや標的型メール訓練、E ラーニングなど実践的な予防対策を保険者が提案することで、保険の損害率の低減につなげることができ、保険者のアンダーライティングが容易になるという効用も考え得る。

　以上のように様々な費用補償が提供されているが、費用保険としてのサイバー保険は、とくに中小企業にとっては中核的な概念になる。充実した費用補償は、損害拡大の防止につながるし、保険の販売段階における顧客との対話は、

---

[38]　池谷誠「米国 SEC によるサイバーセキュリティリスク開示に係わる解釈ガイダンス」商事法務 2167 号 29 頁（2018 年）。

サイバーセキュリティに対する顧客企業の自覚につながる。また、サイバーセキュリティのコンサルティングサービスの紹介は、顧客企業の対策強化につながるので、保険者のアンダーライティングにおいて判断材料になる。すなわち、戦略的にサイバーセキュリティに取り組む優良顧客を見つけ出すツールとなるともいえる。

〔図表2-1〕NISTフレームワークにおけるサイバー保険と付帯サービスの関係

	識別	防御	検知	対応	回復
サイバー保険			費用	費用	賠償金・和解金、費用
コンサルティング会社等	セキュリティ格付け、	侵入テスト、研修、制御システムの実装	フォレンジック、モニタリング	危機管理、当局通知、情報開示、弁護士	データ復旧、評判回復、ブランドマネジメント

出所：National Institute of Standards and Technology, *Framework for Improving Critical Infrastructure Cybersecurity*, ver. 1.1（2018）をもとに筆者作成。

3 サイバー・テロリズムと戦争危険免責

サイバー保険約款においても他の保険約款同様に戦争危険免責が存在する。たとえば、次のような免責文言が想定される。

War and Seizure of Property

"The insurer shall not be liable to make payment for any claim or loss as set forth below:

based upon, arising out of, or attributable to strikes, riots or similar labor action, war, invasion, acts of foreign nations, hostilities or war-like operations（whether war is declared or not）, civil war, mutiny, popular or military uprising, insurrection, rebellion, revolution, military or usurped power, or any action taken to hinder or defend against any of these events, or the　confiscation, nationalization or destruction of, or damage to, property under the order of government or other public authority; provided that this exclusion shall not apply to that part of an otherwise covered claim or loss resulting from cyber terrorism;

戦争と財産の差押さえ

「当会社は次の請求あるいは損害に対する保険金は支払いません。

ストライキ、暴動、または類似の労働行為、戦争、侵攻、外国の行為、敵
対行為または戦争類似行為（宣戦布告の有無にかかわらず）、内戦、反乱、
民衆または軍の蜂起、謀反、反逆、革命、軍事的または篡奪された支配、
またはこれらの事象を阻止または防御するためにとられた行動、または
政府その他の公的機関の命令による財産の没収、国有化、破壊あるいは損
失に基づく、またはそれらに起因する、あるいはそれらを原因とする損害。
ただし、この免責は、サイバー・テロリズムに起因する、他の保険の対象
となる請求または損害の一部には適用しないものとします。」

　戦争と政府や公的機関による財産の差押えは免責であるが、復活担保でサイ
バー・テロリズムは有責ということである。ここで問題となるのが、戦争危険
免責における「戦争」をどのように定義付けるのか、そして、サイバー・テロ
リズムは補償されるとするが、戦争とサイバー・テロリズムの判別はどのよう
になされるのかである。

　まず、国際法においては、国際紛争とは国家間の紛争であり、国籍を異にす
る私人間の紛争や、国家と外国人との間の紛争は、原則として国際紛争ではな
い[39]とされており、国家間という条件が重要になる。そして、国際紛争には
法律的紛争と政治的紛争の区別があるといわれるが、区別の正確な基準は確立
していない[40]。一般的に国家間の法律的紛争は裁判に付し得るケースがあり、
交渉、審査、仲介、調停といった解決策もあるが、国家間の政治的紛争は裁判
で解決しにくいケースもある。そして、最後に残された解決策が戦争である。
戦争とは、軍事力による軍事行為を伴う、主として主権国家間の相互作用で
あって、ある程度の規模を有するもの[41]などといわれるが、この戦争の定義

---

[39]　経塚作太郎『現代国際法要論〔新版〕』382 頁（中央大学出版部、1984 年）。

[40]　経塚・前掲注 39　384 頁。

[41]　奥村房夫『「戦争」の論理』19 頁（学陽書房、1986 年）。

も確立したものがあるわけでもない。

　そして、戦争の定義も曖昧な状況で、サイバー攻撃が戦争に含まれるのかどうかの課題も生じる。2007 年にはエストニアに対する DDoS サイバー攻撃の後に、北大西洋条約機構によってエストニアの首都タリンにサイバー防衛センターが設立され、タリン・マニュアルという国際法の適用に関するルールが策定されている[42]。そのマニュアルは拘束力を持つわけではないが、サイバー攻撃に関する国際法の解釈に指針を与えるものであり、参照の価値はある。そして、そのマニュアル作成に参加した専門家の間でも各種定義で意見が分かれることがあったようである。たとえば、イランの核施設に対するサイバー攻撃で遠心分離機が損害を被ったもののそれが武力攻撃であったかどうか意見は分かれ、さらに証券取引所への攻撃など人的・物的被害を起こさないが、マイナスの影響を広範囲に与えるようなサイバー攻撃が、武力攻撃になるかどうか意見の一致がみられなかったといことである[43]。

　一方、わが国の憲法学の視点では、戦争とは、宣戦布告または最後通牒によって戦意が表明され、戦時国際法規の適用をうけるものといわれ[44]、憲法 9 条 1 項における「武力の行使」も国家間における事実上の武力闘争を意味して、実質的な戦争一切を意味する[45]とする。

　また、保険約款では、宣戦布告の有無を問わずと規定されることが多いが、たとえば、日中戦争が宣戦布告なしで起きているので、支那事変と呼称して戦争の定義から外されることがないように配慮したものであろう。また、保険法においても、戦争とは宣戦布告の有無を問わず、国家間の交戦状態をいい、その他の変乱とは、これに準ずる国家間の紛争状態または内乱をいう[46]、とされる。

42　Catherine A, Theohary & John W. Rollins, *Cyberwarfare and Cyberterrorism: In Brief*, Congressional Research Service, 5 (2015).

43　中谷和弘ほか『サイバー攻撃の国際法』78 頁（信山社、2018 年）。

44　芦部信喜『憲法〔第 5 版〕』56-57 頁（岩波書店、2011 年）。

45　浦部法穂『憲法学教室〔全訂第 2 版〕』407 頁（日本評論社、2006 年）。

46　田辺康平『新版 現代保険法』111 頁（文眞堂、1995 年）、石田満『商法Ⅳ（保険法）〔改訂版〕』191 頁（青林書院、1997 年）等。

　以上のように様々な分野の議論においても戦争の定義は難しい課題であるが、そこにテロが加わるとさらに難しい解釈問題が生じる。ドイツ法でもテロ攻撃をただちに戦争もしくは戦争事象と同視することはできないため、テロ攻撃が戦争免責に該当するかどうかは保険約款解釈に従うことになる[47]。実際にドイツでは、戦争とテロ行為を免責としている約款も存在しているようであり約款により異なるようである[48]。よって、わが国でも同じようにテロについては定義が明確でないと解釈について意見が分かれるであろう。そして、テロの定義には100以上もの説があり[49]、テロは一般的に犯罪と考えられていることもあれば、新しい態様の戦争であるという見解も存在する[50]。

　このように、問題はサイバー戦争にもサイバー・テロリズムにも国際的に共通した定義が存在しないということである[51]。また、政治的意図や目的がないサイバー攻撃はテロリズムとは考えられておらず、犯罪として分類されることになるともいわれる[52]。このように用語の定義が曖昧な状況においては、約款解釈の際に保険者と被保険者の間で紛争が起きる可能性があり、あるいは再保険取引であれば、保険者と再保険者の間で解釈上の争いが起きることもあるので、それこそ国際紛争になることが懸念される。とくに、2014年にアメリカのソニー・ピクチャーズ社がサイバー攻撃を受けた有名な事件では、アメリカ連邦捜査局FBIが、北朝鮮が関与していると断定しており[53]、このような事件の場合、戦争危険免責の適用に関して解釈問題が生じることが想定される。

　そこで、このサイバー戦争とサイバー・テロリズムの定義の混乱を解消するべく、国家に支援されたサイバー攻撃を「敵対的サイバー活動（hostile cyber activity）」と定義して、サイバー戦争とサイバー・テロリズムの間の隙間を埋

47　久保寛展「ドイツ保険法におけるいわゆる「戦争除外条項」の解釈について」保険学雑誌631号128頁（2015年）。

48　内藤和美「ドイツにおけるサイバー保険」損害保険研究81巻4号189頁（2020年）。

49　宮坂直史「テロリズム研究のフロンティア」ファイナンシャル・レビュー通号98号114-115頁（2009年）。

50　澤喜司郎「テロと戦争と国際法」山口経済学雑誌52巻5・6号901頁（2004年）。

51　Theohary & Rollins, *supra* note 42, at 1.

52　Marco Marsili, *The War on Cyberterrorism*, 15(2) Democracy and Security, 172, 174 (2019).

53　日本経済新聞「FBI、北朝鮮関与と断定 ソニー・ピクチャーズ攻撃」2014年12月20日。

める提言もなされている[54]。なぜなら、北朝鮮がみせたように、サイバー戦争とサイバー・テロリズムの中間に位置する敵対的サイバー活動に対して、明確に補償を提供しているという保険約款がないにもかかわらず、保険者によっては補償を提供していることもあるからである[55]。このような現状は、保険業界の評判を不安定なものにし、保険金支払の可否に不確実性をもたらすことになる。よって、このような状況に、敵対的サイバー活動という用語を使用することで、将来、約款解釈で生じるかもしれない紛争や不確実性を回避できることになる。すなわち、敵対的サイバー活動という新たな概念によって、現実に生じるリスクを分類して解決策を模索することができることになる[56]。この概念を使用する結果、事案によってはサイバー戦争に該当する事象であっても、敵対的サイバー活動の定義によって補償を確保できるケースもあるかもしれない〔図表 2-2〕。

　この用語については業界内での合意が得られるように議論をする必要があるし、時間はかかると思われるが、より安定した解釈の提供が必要になる。今後、さらなる検討を行い、約款解釈における不確実性を減らす努力が必要であろう。

〔図表 2-2〕「敵対的サイバー活動」という用語を導入した後の概念の範囲

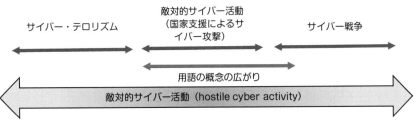

出所：Rachel Anne Carter & Julian Enoizi, *Cyber War and Terrorism: Towards a common language to promote insurability*, The Geneva Association research report 11 (2020) をもとに筆者作成。

54　Rachel Anne Carter & Julian Enoizi, *Cyber War and Terrorism: Towards a common language to promote insurability*, The Geneva Association research report 9（2020）.

55　*Id.* at 10.

56　*Id.* at 11.

第4節　小　　括

　有形資産を活用した事業展開から無形資産を活用する時代に変化した今、サイバー保険の役割は高まっていくであろう。一方で、そのサイバー保険をどのように活用して、いかに自社のリスク管理に組込むかは手探りの段階だと思われる。

　まず、大企業にとっては、リスクファイナンスの一つとして、財務的な視点からサイバー保険を活用していくことになろう。一方、中堅・中小企業にとっては、サイバーセキュリティの付帯サービスへのアクセスという意味で、価値を見出せる可能性がある。とくに中小企業にとっては、サイバー保険の保険料が依然として高額なこともあり、たとえば、1億円以下の低い支払限度額だとして、費用保険という視点に注視して検討することで、価値を見出せる。保険者としても価値連鎖の観点から、商品設計を再考することも必要であろう。

　また、サイバー保険約款の解釈の難しさは際立っていることがわかった。約款の構成も定義規定に依存することが多く、限定列挙的な補償条項と、免責条項の双方を確認する必要があり、保険者の慎重な姿勢がうかがえるものとなっている。もちろん、対応するリスクが技術的な要素の濃いものなので、そのような約款構成になるのは当然であるが、その点を踏まえて約款解釈も研究する必要がある。

　最後に戦争危険免責の解釈問題は非常に複雑であり、分野横断的な検討が必要である。戦争から遠ざかっていたわが国では、それほど活発に議論されるテーマでもなかった。しかし、サイバー犯罪、サイバー・テロリズム、サイバー戦争など多様な形態のサイバーリスクに対して、現実の事象をどのように類型化していくのがよいのか難しく、新しい概念の創出も必要なのかもしれない。それが、敵対的サイバー活動という新しい概念であったが、より深い議論を経て、業界内の合意を形成していく必要があると考えられる。

第3章
知的財産訴訟保険の難度と将来展望

第1節　序　説

　知的財産訴訟保険の保険市場は驚くほど小さい。ごく限られた保険者によって保険が提供され、それを取り扱う保険ブローカーも限られている。非常に複雑で技術的な専門知識が必要であり、啓蒙活動の段階から時間と費用が必要になるので、どの保険者も保険仲介者も敬遠しがちな保険である。

　しかし、企業経営において特許権を含む知的財産に関する戦略を誤ると致命的になる。とくに中小企業はその財務的基盤の脆弱さを考えると、知的財産訴訟に対して受身ではなく、積極的な対応が必要になってくる。このような点を踏まえて本章では、知的財産訴訟の特殊性を理解しつつ、知的財産訴訟保険の基本構造を検討する。そして、知的財産訴訟保険特有の難しさを踏まえて、中小企業を念頭においたグループ保険制度の可能性を検討することにする。

　いずれにしても、知的財産訴訟保険の先行研究は多くはなく、検討の土台となる資料も不足しているので実態を把握することや理論的考察を展開するのは難しい面がある。しかし今後、多くの企業は無形資産を活用した事業展開に積極的になるであろうし、無形資産への投資も活性化することであろう。その意味でも知的財産訴訟保険の基本や課題を理解しておくことは大切であると思われる。世界のリスク管理担当者の2,348名に対して行われた調査でも、全体の63％が知的財産訴訟保険を手配することに関心があると回答しており[1]、今後の重要性がみてとれる。

　そして、最後に、やや唐突であるかもしれないが、知的財産訴訟保険のよう

---

[1]　Ponemon Institute, *2019 Intangible Assets Financial Statements Impact Comparison Report*, 25 (2019).

な新種の保険において、業界の共同行為も必要な場合を想定し、独占禁止法の適用に関する再考も提言しておきたい。事故データも十分な蓄積がなく、各保険者による単独の知見にも限界があるような分野において、新古典派経済学が標榜する自由競争が善であり協調が悪であるという前提を少し疑ってみたいと思った。筆者の実力では十分な検証はできないが、現場で引受業務を行っていた経験から得た感覚も参考としながら、今後の方向性を示してみたい。

第2節　知的財産訴訟の現代的な特徴

1 特許侵害訴訟の複雑性

　昨今、専門業務賠償責任保険において知的財産権侵害に対する補償が提供されることがある。意図しない（unintentional）知的財産権侵害に対して補償が拡張されるのであるが、約款において知的財産の定義から特許権は除外されていることが多い。すなわち、特許権侵害に起因する損害賠償請求は免責とされており、これに対する補償を保険市場から入手するのは非常に難しい。よって、特許侵害訴訟を主眼においた知的財産訴訟保険の必要性が検討される。

　しかし、その保険化には多くの難題が横たわっている。その理由は、保険市場に多大な影響を与えるアメリカの特許侵害訴訟で賠償額が高額になりやすいためであったり、特許侵害訴訟が市場シェア争奪戦の戦略的道具ともなりやすいことがあったりすることが考えられる。

　日本では、損害額の推定規定である特許法102条の規定が、著作権法114条などのように、特許以外の知的財産権にも適用されるが、アメリカ法においては、特許とそれ以外の知的財産では、侵害に対する金銭的賠償の考え方が異なっている[2]。たとえば、アメリカの特許法284条において、わが国の特許法102条に規定されるような、裁判所による損害額を減額する裁量権は規定されておらず、一方で損害を増額するための根拠とされ、故意または重過失なく特

2　竹中俊子「アメリカ法における知的財産権侵害に対する損害賠償」高林龍編『知的財産権侵害と損害賠償』180頁（成文堂、2011年）。

許権を侵害した者に対する配慮はまったくないという、侵害者には酷な規定となっている[3]。一方、アメリカの著作権や商標権に関して、特許権のような厳しい規定はなく、わが国と同じように侵害していることを知らなかった場合には損害認定の減額規定があったり、損害額の推定の基礎となる侵害者利益の額が多すぎると考えられる場合には減額を認めていたりする。このように、アメリカでは著作権や商標権の侵害に比較して特許権侵害に対する損害賠償額が高額になる要素がある[4]。

　さらに、アメリカでは、損害額の認定において類似の事案であっても日本に比較して自分の弁護士費用を損害額に含めることができること等から100倍の損害額が認定されることもあり得ると指摘される[5]。また、証拠開示手続き、すなわちディスカバリー制度があるために、訴訟を提起してみて、関連する各種文書など証拠を提出させておき、その資料を基に訴訟を継続すべきか断念すべきか、あるいは和解すべきか判断することが多い[6]。よって、手持ちの証拠では勝訴の見込みがなくてもとりあえず訴訟を提起してみる、という手法が使われる。このように、アメリカの特許侵害訴訟では、わが国では想定できないような大事故に発展する可能性を秘めているわけで、この辺の経緯が保険者にとって特許権侵害免責にこだわらざるを得ない事情になっていると思われる。

　また、アメリカの陪審制が特許訴訟にユニークな特徴を与える。陪審員は、特許の有効性に関して裁判官から説明を受け、その前提で審理を進める。よって、特許に関する技術的判断はせずに、被告が誠実に当該特許を侵害しないために事前にでき得る調査をしたかという点を確認することになる。その結果、被告が提出しなければならない証拠は、被告が特許侵害をしていない技術的証拠ではなく、事前に合理的な調査をしたことの証拠や、権威者の鑑定意見書をとったことの証拠になってくる[7]。これが特許訴訟の難しさで、文書管理の巧

3　竹中・前掲注2　184-185頁。

4　竹中・前掲注2　185頁。

5　山本隆司「米国特許訴訟における訴訟リスクの分析と対策〜フィリップス対泉精器訴訟の真の教訓〜」国際商事法務23巻2号124頁（1995年）。

6　山本・前掲注5　122-123頁。

7　山本・前掲注5　125頁。

拙が訴訟の結果を大きく左右することになり、事前調査忘れのうっかりミスが多くの場合致命傷となる。保険引受審査の観点からは、各顧客企業が商品を販売する国において事前調査をするような体制を整えているか否か、その調査・分析の精度はいかなるものかを評価することになるが、これは非常に難しいはずである。告知書や開示されている情報等である程度までは理解できるとしても、現場で行われている現実のリスク管理体制まで把握するのは困難なものがあり、そのため、保険引受審査においても顧客企業に対するヒヤリングも含めた対応が必要かもしれない。いずれにしても、わが国で特許侵害訴訟に関する保険需要は大きく、今後の展開として高額免責金額や縮小支払の採用あるいは支払限度額の管理などを通して、特許侵害リスクに対する保険引受にも挑戦する時期にきているものと思われる。その場合、やはりアメリカの特許の調査体制が引受審査の大部分を占めるのかもしれない。

② アメリカ特許訴訟の特異性

アメリカの特許訴訟事件で、公判にまで行きつくケースは全体の5%程度と非常に少なく、その前に和解により解決され、もし公判審理と陪審評決・判決まで行くとしても、その期間は通常2年から3年かかり、長ければ7年から8年を要するといわれる[8]。このような現実をみると当事者は和解を好むことも理解できる。

また、和解を促す要因に証拠開示がある。アメリカの裁判では、訴訟提起後に双方が要求する証拠資料をすべて提出しなければならないが、出てきた証拠資料をみなければ原告としても勝訴の可能性の判断もつかない。よって、まずは訴訟を提起して証拠開示させることで勝訴の可能性を見極めるということが起こり、結果的にアメリカでの特許訴訟の件数が多くなる[9]。しかも、仮に訴訟が公判まで達した場合、訴訟全体における証拠開示手続きに占める弁護士の労力あるいは費やされる時間の割合は80%といわれている[10]ので、たとえ証拠開示手続きの段階で和解できたとしても防御費用は高額になる傾向がある。

8　牧野和夫『アメリカ特許訴訟実務入門』59頁（税務経理協会、2009年）。

9　岸本芳也『知財戦略としての米国特許訴訟』232頁（日本経済新聞出版社、2016年）。

10　岸本・前掲注9　231頁。

　また、アメリカにおける知的財産訴訟の件数に関しては、著作権に関する訴訟が一番多く、その次に商標権、特許権と続き、特許権をめぐる係争の数は多くないものの、防御費用や賠償額の規模では他を圧倒することになる[11]。

　さらに、アメリカにおいてはパテント・トロール（patent troll）[12]という特異な問題がある。パテント・トロールとは、アメリカで1980年以降に特許権を強化する方針がとられて現れた現象である。すなわち、自らは事業活動をしていないが、特許権を第三者から買い集めて、その後、その特許権を行使して他の企業からライセンス料を得たり、特許侵害訴訟を提起して損害賠償請求や差止請求をすることで賠償金や和解金を得たりする事業体をいう。典型的な事例では、特許を日本円にすると約100万円で購入した後に権利行使し、300社以上の企業を提訴することで、日本企業から100億円の和解金を獲得しているケースがあったり[13]、破綻しそうな企業から500万円で特許を購入して、500億円の和解金を得ている事案もあったりする[14]。このようにパテント・トロールにとっては、特許における権利行使は法律問題ではなく、すでにビジネス上の戦略の一部になっているわけで、投資に対するリターンを考えれば、ビジネスとしての旨味があることが理解できる。

　このように、アメリカにおけるパテント・トロールにとって特許訴訟の持つ意味は非常に大きく、日本企業にとっても予見の困難なリスクとなる。一般的に特許権を行使する場合、大企業をターゲットにすると和解には相当な労力と時間を要するが、多額の和解金が期待され、一方、中小企業をターゲットにすると早期和解が期待できるが和解額が少ないため、複数の中小企業を訴えなければならなくなり、特許権者としては特許の性質や内容によってとり得る訴訟戦略も変わってくることになる[15]。よって、大企業だから、あるいは中小企業

11　ヘンリー幸田「パテント・トロール、テキサス州東地区裁判所、そして陪審審理」パテント62巻12号37頁（2009年）。

12　パテント・トロールとは、北欧神話にある洞窟に住む怪物に例えて「特許の怪物」という意味で使用されている。

13　三村淳一「パテントトロールに対する米国でビジネス展開する日本企業の対応に関する一考察」商学集志86巻4号174頁（2017年）。

14　幸田・前掲注11　37-38頁。

15　三村・前掲注13　187-188頁。

だからパテント・トロールのターゲットになるということではなく、あらゆる規模の企業がターゲットになる。

　このようにアメリカにおいてはパテント・トロールの暗躍もあり、2005年を境にアメリカ政府も方針転換に動き、裁判所も損害賠償額を抑制する傾向に舵を切り、差止請求を認める基準も引上げられ、とくにパテント・トロールなど自ら特許を実施していないものが差止請求で勝訴することが難しくなっている[16]。それでも、わが国企業のトヨタやホンダ、任天堂などがアメリカの特許訴訟に被告として巻き込まれていることがあり、水面下では、和解になっている事件もそれなりにあると想定される[17]。

　以上のようなアメリカにおける特許侵害訴訟の特異性があるものの、そのような実務がすぐさまわが国やその他の国にも広がるということはないであろう。しかし、損害賠償請求や差止請求訴訟などを補償する知的財産訴訟保険の観点からすると、日本企業にとっても保険適用地域がアメリカを含む全世界になっていないと、その保険の利用価値は著しく下がってしまう。一方で、知的財産訴訟がビジネスにおける戦略の一部となっていることをみても、アメリカのリスクが保険の普及の足かせになっていることも確かであり、その点、アメリカの特許侵害訴訟の特異性を見過ごすわけにはいかない。

③ 国境を越える知的財産権

　特許以外の知的財産権は比較的保険化しやすいといえる。著作権、意匠権、商標権などが想定されるが、アイデアや営業秘密、ノウハウの不正使用に起因する損害賠償請求に対しても補償が提供され得る。キャラクターの有する顧客吸引力を利用して、商品の図柄に使用したり、人形などに利用したり、あるいは商品やサービスの広告に使用する場合の商品化権も補償の対象であるが、商品化権という用語はあくまでも実務上で使われている概念であり[18]、その実体

16　一色太郎「米国特許保護の現状─特許権の制限とパテント・トロールへの影響─」知財管理66巻9号1109-1111頁（2016年）。

17　西口博之「我が国企業のパテント・トロール対応策─最近の特許連合に関連して─」パテント68巻2号89-90頁（2015年）。

18　紋谷暢男「意匠法と周辺─主として著作権法との関係─」日本工業所有権法学会年報12号124頁（1989年）。

は、著作権、意匠権、商標権といった権利の総称である。このようにキャラクターを使ってビジネスを遂行することは多く、この点、知的財産訴訟保険を活用したリスク管理が重要であると思われる側面である。

　また、保険の補償を得るには知的財産権の侵害である必要があるが、昨今あらゆる業種において著作権侵害などの潜在的可能性は存在している。たとえば、自社のサービスを提供するために広告を使用する、ホームページを利用する、データベースを活用する等が想定される。それらにおいては、古典的な意味としての著作物である写真、動画、絵、音楽、小説等が利用されるかもしれない。あるいは、経済財としての著作物であるコンピュータープログラム、データベース等が利用されるかもしれない。マルチメディア時代には著作物は多様化し、人格権の性格を強く含むもの、経済財としての性格を強く含むもの、両方の性格を含むものなど複雑になり、著作権法も創作物の保護という側面と不正競業を防止する側面とを含むようになってきている[19]。それゆえ、ある営業活動が思いがけない著作権侵害を引き起こすことになり、さらには、不正競争防止法なども配慮しなければならない状況が生じている。たとえば、市場調査のために作成された他社のデータベースを不正使用した場合、あるいは他社商品の広告に利用される映像を不正使用し商品の混同を生じさせた場合[20]など、いろいろ想定できるものである。

　そして、インターネットを通じて著作物が提供されると、必然的に国境を越えた権利侵害事例も増えてくる。加害行為地が日本で損害発生地がアメリカという事例であれば、一般的に損害発生地をもって不法行為地と解されており、アメリカ在住のアメリカ人の権利を侵害すれば、当然、アメリカ法が適用されることになる。しかし、被害者が法人であり、世界各国に拠点がある多国籍企業のような場合であればさらに話は複雑で、権利侵害によって各国で売上が減

19　盛岡一夫「知的財産権の概念」日本工業所有権法学会年報 19 号 40-41 頁（1995 年）。

20　渋谷達紀「著名表示冒用行為に対する不正競争防止法の規制」落合誠一他編『現代企業立法の軌跡と展望－鴻常夫先生古稀記念』786 頁（商事法務、1995 年）によると、自らは表示に投資することなく、他人の著名表示を無償で利用することになり、識別力ないしは宣伝力へのただ乗りが規制されるべきことになる。

少し損害を被った場合であればそれぞれの国が損害発生地になり [21]、訴訟も複雑で累計の損害額や防御費用も膨大になることが想定される。

　著作権において見られる国境を越えたリスクは、同じく商標権においても生じ得る。たとえば、インターネット上のウェブサイトに表示した商標がわが国において商標権を有していても、アクセスできる他国で類似商標の権利を有する他者がいる場合があろう。そのような事例では、各国内で生じているウェブサイトにアクセスできる状態について、それぞれの国の商標法が適用されることになる。そう考えると、ウェブサイトへアクセス可能なすべての国で商標登録をしておかないと、インターネット上の商標はどこかの国で違法とされるリスクが伴ってしまうことになる [22]。

　このような事態を解消するために、世界知的所有権機関（WIPO: World Intellectual Property Organization） [23] は、「インターネット上の商標及びその他の標識に係る工業所有権の保護に関する共同勧告」 [24] の9条において、権利侵害したと主張される前に、商標使用者がメンバー国において正当な権利を有し、不正な目的がなく使用者への連絡先が開示されていれば原則として責任が免除されるとしている。また、10条において事後的な措置とし、メンバー国で商業的効果を排除するか、侵害行為を回避するための合理的な措置をとれば責任は免除されることになるとしている。具体的には、12条において侵害されていると主張する権利者とは無関係であり、当該権利者の国で事業を行う意思がないこと等の免責表示（disclaimer）をすることが勧告されている。この勧告はインターネット上の商標に関する紛争解決を考えるうえで重要であると考えられ [25]、実際の実務においても採用すべきリスク管理手法となろう。すなわち、

21　江泉芳信「インターネットを利用した著作権侵害事案の国際私法的検討」森泉章ほか編『著作権法と民法の現代的課題―半田正夫先生古稀記念論集』478頁（法学書院、2003年）、道垣内正人「サイバースペースと国際私法―準拠法及び国際裁判管轄問題」ジュリスト1117号63頁（1997年）。

22　道垣内正人「国境を越えた知的財産権の保護をめぐる諸問題」ジュリスト1227号54-55頁（2002年）。

23　国連の専門機関で、世界の知的財産権の保護を促進することを目的として1970年に設立されている。

24　特許庁のホームページの「「インターネット上の商標及びその他の標識に係る工業所有権の保護に関する共同勧告」について」を参照。

販売を予定している国の商標権を調査したり、商標権を出願したりしておくこ
とはもちろんのこと、販売する意思のない国の商標権侵害を回避するために、
販売の意思がないことを免責表示し、実際にも販売しないことが重要になる。

　具体的な事例として日本企業が被告となった裁判例は見当たらないが、イタ
リア企業が"Playmen"というウェブサイトを通じて、画像データをアメリカ
の顧客に提供するサービスが、"Playboy"という商標権の侵害になるとされ
た事件[26]がある。この事件の判決において、当該ウェブサイトを閉鎖する、
アメリカの顧客からの申込みを拒否する、あるいはアメリカの顧客からの申込
みは受付けない旨を表示する、当該サービスで得た利益を返還する等の対応が
示されている。インターネットを通じてプログラムや画像・映像を配信する
サービスを提供する企業にとっては参考となる重要な事件といえる。

　このように、インターネットのおかげで知的財産権は容易に国境を越えるよ
うになっているので、保険の適用地域は、必ず全世界にすべきであることが理
解できるであろう。

第3節　知的財産訴訟保険の概要と可能性

1 知的財産訴訟保険の補償内容

　世界的に保険市場で入手できる知的財産訴訟保険には、おもに二種類の補償
がある。一つは損害賠償請求されたときのための補償（liability coverage）で、
もう一つは、知的財産権の権利行使のための補償（enforcement coverage）に
なる[27]。賠償責任のための補償は、基本的にその他の賠償責任保険と同じ概念
で類似の構造をしているため理解もそれほど難しくないのかもしれないが、比
較的新しい補償として権利行使のための補償は、なかなか理解が難しいといえ
よう。

25　土肥一史「ネットワーク社会と商標」ジュリスト1227号29頁（2002年）。

26　Playboy Enterprises Inc. v. Chuckleberry Publishing, Inc., Tattilo Editrice, S.p.A., Publishers Distributing Corporation, and Arcata Publication Group, Inc, DC SNY, June 19, 1996.

27　Jayant Kumar, *Insurance Coverage in Intellectual Property Litigation*, 13 Journal of Intellectual Property Rights 235（2008）.

　まず、知的財産権の権利行使のための補償の保険化は技術的に難しいことが想像される。この補償では、被保険者が権利侵害をされて、被保険者がその侵害者に対して知的財産訴訟を提起するときに関連する費用を補償する。この補償においてどの知的財産訴訟が保険の対象になるかは、中立的で専門性のある法律家によって認定された訴訟（authorized litigation）に対してのみとなる[28]。よって、すでに侵害されている知的財産権に関して提起する訴訟は対象外であるのは当然である。すなわち、先行行為担保（prior acts coverage）が提供されることはほとんどない[29]。たしかに、どんな知的財産訴訟でも対象になるとすると、被保険者による勝訴の見込みがない、あるいは根拠の薄弱な訴訟提起も促すことになってしまい、保険として成り立たないことになる。モラルハザードの観点から当然の帰結といえる。

　権利行使のための補償については訴訟を提起する前に第三者に権利侵害されていること、あるいは、第三者から訴訟提起されていることを保険者に通知する必要があり、保険者の同意が得られた場合に侵害者に対して訴訟提起する場合の費用の補償が得られることになる。補償内容は、権利侵害していると思われる相手方との交渉や裁判での争いのための弁護士費用を含む各種費用、第三者が権利は無効であると主張していることに対する反訴費用、あるいは第三者によって被保険者が彼らの権利を侵害しているという主張に対処する費用などが補償される[30]。

　このような知的財産訴訟保険の補償は世界の様々な形態の訴訟制度に対応している必要がある。たとえば、すでに設定登録された特許の無効を主張する場合、アメリカの特許法282条では特許侵害訴訟における抗弁により特許の無効を裁判で主張することができる一方で、わが国の特許法123条1項では、特許無効審判制度が存在し、裁判所ではなく特許庁が判断する行政審判の制度になっている[31]。特許の無効は特許庁においてのみ許される権限と解されていた

---

[28]　*Id.* at 236.

[29]　*Id.*

[30]　CFC, *Intellectual Property Insurance Guide*, 11 (2019).

[31]　土肥一史『知的財産法入門〔第 14 版〕』235 頁（中央経済社、2013 年）。

ためである [32]。このように、特許を無効とする制度は国によって異なるが、基本的に全世界担保の知的財産訴訟保険の補償は、詳細な規定や定義をしていなくとも、どこの国の制度にも対応することになる。むしろ、どこの国の制度にも対応するためには、詳細な規定や定義は約款解釈で不都合が生じるものと思われる。すなわち、ある程度約款解釈で運用の柔軟性を持たせることで、世界の複雑な制度に個別に対応できるといってもよいであろう。

　そして、この権利行使のための補償は、第三者賠償責任の補償（third party coverage）に対して、自社損害の補償（first party coverage）に分類できる [33]。この種の補償は、とくに財務力の脆弱な中小企業にとって価値があると思われ、知的財産訴訟を継続するための潤沢な資金力のある大企業からの訴訟に対して泣き寝入りしないための財務的な支援になるであろう [34]。

　次に賠償責任のための補償は、前述のとおり他の賠償責任保険と同じであるが、知的財産訴訟のための保険であるだけにいくつか特徴がある。

　基本的に第三者からの知的財産訴訟に対する防御費用と賠償金および和解金を補償するという意味では他の賠償責任保険と違いはない。ただ、知的財産訴訟は複雑な科学技術的議論が多く長期間を要することが多いので、防御費用が高額になることが一般的である点に特徴がある。また、特許のケースで顕著であるが、多くの場合に取引当事者の力関係もあり、特許権者と取引先や特許の実施権者との契約において、当該製品が権利侵害していないことを保証させられることが多い。そして、取引先や実施権者が権利侵害で訴えられた場合は、補償条項（indemnity clause）や免責条項（hold-harmless clause）のために被保険者である特許権者が補償しなければならないことになる。よって、このような場合にも補償を提供する契約責任（contractual liability）の条項がある保険約款も存在する [35]。これは厳密な意味での第三者訴訟ではない。なぜなら、被保

32　盛岡一夫『知的財産法概説〔第 5 版〕』99 頁（法学書院、2009 年）。

33　Rahul Sinha, *Patent Insurance: Roadmap*, 19 Journal of Intellectual Property Rights 387 (2014).

34　Don Glazier, *Risk Management and Intellectual Property Insurance Coverage*, 58 Insights Spring 2016.

35　CFC, *supra* note 30, at 10.

険者が取引先等の契約当事者との契約に存在する補償条項や免責条項のために、被保険者が第三者に対して訴訟提起しなければならないので、契約上の義務に関する補償という意味では、厳密には第三者訴訟ではないといえる。

② 知的財産訴訟保険の普及のために

　AI や IoT 技術の高度化に伴い特許の権利関係が複雑になり、一つの製品当たりに含まれる特許発明の件数が膨大な数に上っている昨今、一つの製品に対する貢献度合いが小さい特許権の侵害を理由に差止めを求めるようなケースが社会に不都合をもたらすことも懸念される[36]。経済発展と特許権の保護のバランスが問題になるわけであるが、技術の複雑さが訴訟リスクの増大を招くともいえる。

　そして、大企業のみならず部品を供給する中堅・中小企業の訴訟リスクの増加が懸念され、とくに訴訟において十分に戦うための財務的な基盤が脆弱な中小企業にとっては、自らの特許権を守るための訴訟を遂行するためには保険による補償の確保が有効になる。しかし、その保険の内容は大企業向けから中小企業向けまで様々であり、非常に幅の広い防御費用や賠償金の補償を提供しているものもあれば、限定的な補償のものもある。また、その保険料は支払限度額に対して 2%〜5% と比較的高額になっており[37]、知的財産訴訟保険の全容を理解するのは難しい。

　わが国の知的財産法の専門家によると、大企業よりも中小企業のほうが訴訟に巻き込まれる確率は高いとはいえないが、一度事件が発生してしまうと防御費用や和解額が与えるダメージが相対的に大きいため、知的財産訴訟保険へのニーズがあることが指摘される[38]。

　その研究によると、知的財産権の侵害リスクについては統計データも不十分であり、損害賠償請求が発生するリスクは、製品分野における権利保有状況や

---

[36]　武井一浩ほか『デジタルトランスフォーメーション法制実務ハンドブック』365-366 頁（商事法務、2020 年）。

[37]　Jayant Kumar & Neeraj Parnami, *The Marriage of Intellectual Property & Insurance*, SSRN 6-7 (2008).

[38]　日本弁理士会近畿支部 知的財産制度検討委員会 新規業務研究会「知財保険についての研究」13 頁（2012 年）。

ライセンス契約の実態など個別の事情により影響を受け、このような情報は保険契約者側に偏在しているので、保険者が把握することが難しいという[39]。また、一度保険事故が発生すると、保険金支払額も高額になることなども考慮すると、組合や協会などの業界団体に所属する企業を被保険者とするグループ団体保険の制度が馴染むとされる[40]。すなわち、大数の法則が働くように制度設計をして、低い支払限度額だとしてもニーズのある被保険者を対象とすることが、まずは重要なのだと思われる。現実的な水準としては5,000万円以下の低い支払限度額からスタートかもしれない。それでも中小企業にとっては、初期対応のための費用を確保できるという意味では価値がある。保険料も中小企業が加入しやすい水準まで下げ、加入者数を増やしてポートフォリオを作ることで、各企業のリスクの差異はアンダーライティングの過程である程度捨象することができる必要があろう。

　このような制度によって知的財産訴訟保険を中小企業に提供できるようになれば、中小企業も知的財産権に対する認識や侵害リスクに対する意識も向上し、特許出願件数の増加も期待される。また、中小企業同士で特許侵害を事前に回避するため、相互に特許の使用を許諾するクロスライセンス契約等により新しい製品の開発も可能になり、知的財産訴訟保険がもたらす社会的意義もあることになる[41]。

　一方、ヨーロッパにおいても中小企業向けの知的財産訴訟保険の検証はなされているが、基本的に保険料が高すぎること、補償が限定されていること、知的財産訴訟分野の訴訟の件数が比較的少なくアンダーライティングを困難にしていることなどが指摘されており[42]、日本で考えられている課題と同じ認識がみられる。

　実際にEU域内では、様々な種類の知的財産訴訟保険は販売されており、一般的に被保険者のあらゆる製品を対象としているものの、補償内容はまちまち

39　日本弁理士会近畿支部・前掲注*38*　13-14頁。
40　日本弁理士会近畿支部・前掲注*38*　14頁。
41　日本弁理士会近畿支部・前掲注*38*　23頁。
42　EUIPO, *IP Litigation Insurance Landscape*, 9 (2018).

であり、国内のみの対象という保険もあれば、全世界担保という保険もあるという状況である[43]。そして、知的財産保険に関する参照できる情報も不足しており、存在自体も知られていない。よって、必要性も理解されていない状況があるので、保険自体の有用性はあるものの、ある程度の保険市場を形成するまでの顕在化したニーズがあるともいえない状況のようである[44]。

そのような中、EUでは中小企業向けの知的財産訴訟保険の強制保険化も検討されている[45]。そして、暫定的な強制保険制度を通して、最低限の保険料ボリュームを達成し、アンダーライティングにおける技術的リスク評価の高コストを回避することが提言される。具体的にはヨーロッパ特許庁（European Patent Office）に登録された特許にはすべて保険が適用され、支払限度額が日本円で約3,000万円に対して、特許権が有効に登録される国名や国の数によって差異はあるが、保険料は1社当たり約100万円前後となっている。補償は、損害賠償請求されたときのための補償と権利行使のための補償の双方あり、免責条項や一定の自己負担額が設定されている。

しかし、この強制保険制度の提案に対しては、ヨーロッパにおける競争を阻害し技術革新にとっては有害であるとか、ヨーロッパが訴訟社会化する、あるいは他国のパテント・トロールがヨーロッパに参入して訴訟を提起してくるなどの批判がなされており、あまり支持されていない。

一方で保険ブローカーの見解は、既存の知的財産訴訟保険の保険料が高額であり、アンダーライティングのために保険契約者側が負担する技術的リスク評価のコストもかかるので、もし公的な支援を受けた知的財産訴訟保険が創設されれば、中小企業は興味を持って受け止めるであろうという[46]。ただし、そのように指摘する保険ブローカーも知的財産訴訟保険分野におけるマーケティング活動はそれほど積極的ではなく、そのための人材も多く配置しているわけで

---

[43]　*Id.* at 8.

[44]　*Id.*

[45]　CJA Consultants, Ltd., *Summary Report of Relies to the Public Consultation on the Follow-up Study on Patent Litigation Insurance,* (2007)

[46]　CJA Consultants Ltd., *Patent Litigation Insurance,* 7. 2. 9 (2003).

はない[47]。また、保険者側もとくにバイオ技術や医療技術、コンピューターソフトウェアのようなハイリスクの分野の保険引受には消極的にならざるを得ず、保険料も高額であり、見積もり取得前のリスク評価のためのコストも高額となっている事情がある[48]。

　以上のように日本やヨーロッパにおける研究を踏まえると、やはり大企業以上に中小企業が自らの権利を正当に主張するために知的財産訴訟保険を活用する余地があるといえないだろうか。とくに知的財産訴訟に必要な初期費用は国によって異なり、日本は500万円程度と思われるが、フランスやドイツでは日本円で約3,000万円とみられ、さらにイギリスやアメリカになると1億円を超えてしまう[49]。このような高額な費用が必要とされる訴訟に中小企業がかかわるのは難しく、泣き寝入りのケースも多いと思われる。よって、知的財産権の健全な発展のためにも保険の役割に期待されることになる。ただし、自由競争市場のみに依存し、保険者の努力だけに頼った取組みの場合に、情報の非対称性や不確実性の問題によって市場の失敗が生じる典型的な分野のように思われる。それは、あのアメリカ保険市場においてさえ、知的財産訴訟保険の年間の保険料規模で50億円か60億円といわれており[50]、その難度が理解できる。よって、まずは中小企業の組合や協会などを念頭においた専用のグループ保険制度の検討が望ましいのではないかと思われる。

③ 科学技術に伴走する保険制度

　知的財産訴訟保険を完全に自由競争市場に任せてしまうと、上手く展開していかないのは事実のようである。いろいろな要因があるが、技術的な評価が難しくアンダーライティングの過程でコストが高額になること、いったん保険事故が発生すると技術的側面も手伝って訴訟手続きが複雑になり防御費用も高額になること、また、知的財産訴訟が企業のマーケティング戦略の一環として利用されていることが考えられる。

47　*Id.* at 11. 1. 4.

48　*Id.* at 11. 1. 10.

49　WIPO, *World Intellectual Property Indicators 2018*, 13（2018）.

50　InsuranceERM, *What is Stalling the Growth of the Patent Insurance Market?* 56 Spring 2019.

　一方、公的支援を受けた強制保険にしてしまうと、保険料が商品開発コストに転嫁されてしまうので技術革新の妨げになること、訴訟が誘発されてしまうことなどの弊害がある。

　このように考えると、完全な自由競争市場を前提とした、公的な強制保険の中間に位置する取組みが必要なのではないかと思われる。とくに、知的財産訴訟保険は大数の法則が効くまで市場規模が拡大するのが難しいし、科学技術の進展に保険技術が追いつけない、あるいは専門性が不足しているために、そもそも正しくリスク評価できないということもある。そのように考えると、損害保険業界とその他の専門家の共同行為によって、中小企業を主眼においたグループ保険制度を創設することも必要なのではないだろうか。

　まず、各企業が個別に対策をすると、データが不足したり、重複が発生したりすることで非生産的であるということがある。情報共有による便益としては、各自が無駄な作業や費用を排除できることであったり、団体としてノウハウを蓄積し共有することで、保険事故を削減できることであったり、先端的な予防策を共有できたりすることがある。

　このことは、科学技術の要素を考慮する必要があり、比較的類似の課題を抱えるサイバー保険でも指摘されている[51]。よって、知的財産訴訟保険やサイバー保険は、このようなグループ保険制度が馴染むものと思われる。ただし、業界の共同行為には独占禁止法の制約などもあり困難を伴う。一方で、業界をあげての取組みが社会的意義のあることという点に鑑みると、規制のあり方を含めて再検証するときにきていると思われる。

　この点を踏まえ、議論の飛躍があることを承知で以下に保険事業の共同行為について検討してみたい。

　アメリカの保険業界における情報共有のあり方に目を向けると、1945 年マッカラン・ファーガソン法（McCarran-Ferguson Act of 1945）によって保険事業は連邦独占禁止法の適用除外とされており、標準約款の使用、共同引受、共同

---

[51]　N. Eric Weiss, *Legislation to Facilitate Cybersecurity Information Sharing: Economic Analysis*, Congressional Research Service 5 (2015).

調査研究などの共同行為が可能となっている[52]。実際に、アメリカのISOにおいて各種保険の標準約款が作成れており、保険引受、保険数理、保険金支払などの各種データの収集や提供も保険者に対して行われている。

　また、EUにおいても共同で保険料率を算出することなどについて、競争法の一括適用免除規則が定められており、さらに、標準保険約款などについては、ガイドラインに従って使用されている実態がある[53]。たとえば、標準保険約款がオランダ競争法に違反するとされた事例はなく、競争法において個別適用免除に関する考え方が示され、標準保険約款の使用が競争法上で問題になったことはない[54]。また、イギリスの規制当局は、とくに企業分野において、保険者より顧客企業の立場が強いこともあり、標準保険約款の使用に懸念はないと考えており[55]、非常に合理的な考え方が示されている。

　一方、わが国おいては依然として、一定の共同行為に関しては金融庁の認可が必要になる（保険業法102条1項）。認可する場合は、保険契約者又は被保険者の利益を不当に害さないこと、不当に差別的でないこと、加入及び脱退を不当に制限しないこと、危険の分散又は平準化その他共同行為を行う目的に照らして必要最小限度であることが審査される（保険業法102条2項）。さらに、公正取引委員会との関係について、共同行為を認可するときは、公正取引委員会の同意を得なければならないとされている（保険業法105条1項）。

　実際に公正取引委員会のウェブサイトに掲載されている相談事例集の「保険商品の共同開発研究」によると、損害保険会社2社が、第三分野の商品開発で共同することに関して、共同研究開発ガイドラインに従い見解を回答している。それによると、共同当事者の合計シェアが当該商品の市場シェアの20％以下

[52]　池光雲「保険業に対する公正取引法の適用除外法理に関する小考―米国・日本・韓国の比較を中心に―」ノモス29号148頁（2011年）、小林篤＝岡崎康雄「保険分野の競争政策に関する最近の動向―論点整理と米国、カナダの動向―」安田総研クォータリー27号10-16頁（1999年）、田村次朗「米国反トラスト法の適用除外：日本の独占禁止法の適用除外制度改善の参考として」法学研究67巻4号9-12頁（1994年）など参照。

[53]　多田英明＝鈴木隆彦「保険業における競争法の適用除外制度に関する比較法的研究―EU競争法との比較検討を中心として―」競争政策研究センター共同研究報告書23-30頁（2011年）参照。

[54]　多田＝鈴木・前掲注[53]　41頁。

[55]　多田＝鈴木・前掲注[53]　45頁。

であること、競争促進的な効果が期待されること、ノウハウを出し合うことで有効な商品を開発するために必要であることなどを理由に、独占禁止法上問題ないという回答になっている。

　このように、共同研究開発ガイドラインで指針が示されていることはよいとしても、果たして共同行為に関して、保険業法にあるような厳格な規則が必要であろうかということが問題になる。とくに個人分野と比べてリスクが巨大化・複雑化してきた企業分野の保険を一律に規制することに合理性があるのかは疑問である。

　自由化の環境で、たくましく競争して勝ち抜くという保険者の姿は、勇ましく理想的にみえるが、実際には短期の利益志向に走り、その場しのぎの数字づくりが優先され、市場に真の価値を提供できているのかと考えたときに、確信がもてないとういうのが筆者の正直な印象である。そして、自由化後の不祥事など苦い経験をもとに損害保険の未来を考えると、とくに新種の未知のリスクに対して、業界による標準約款の作成や保険金支払データの蓄積、保険約款に関する共同研究などが不可欠であろうと思われる。

　たとえば、時代の要請や環境の変化に従い、アメリカ ISO の CGL 保険標準約款が改定されたり、順次特約が開発されたりしているにもかかわらず、わが国では、2010 年代の前半まで 1973 年版の CGL 保険標準約款が使用されていたような経緯がある。日本では訴訟が少ないので問題はないとはいえず、全世界担保の CGL 保険であれば、海外での訴訟にも対応することになるので、それなりの手当が必要であったことになる。このような現状を踏まえると、一保険者による取組みでは如何ともしがたいリスクに対して、損害保険業界及び保険契約者あるいは専門家による共同行為が必要なのは明らかで、今後、保険業法や独占禁止法のあり方を再考するきっかけをつくることが必要になろう。将来の課題としたい。

第4節　小　　括

特許訴訟を含め知的財産訴訟はかなり特殊であることが理解できる。訴訟に

多額の費用が必要であり、専門的な科学技術の知見も必須である。また、知的財産訴訟保険も情報の非対称性やリスクの不確実性の観点から、市場の失敗に陥る典型的な保険であることも想定できる。

　このようにきわめて特殊な保険について保険機能の社会的意義も踏まえ、中小企業の組合や協会向けのグループ保険制度を提案した。ある意味で、知的財産訴訟保険は、社会的共通資本と捉えて自由競争市場の中でのみ発展させる必要はないと思われる。一方、ヨーロッパで検討されたような特許制度に付随する強制保険という建付けも少々難しい面もあることがわかった。たしかに、中小企業にとっては特許権以外に意匠権や著作権などのリスクも存在しており、ニーズとしては比較的幅の広い補償が望まれることもある。

　これらの点を踏まえて知的財産訴訟保険を考えた場合、グループ保険制度による市場の創造が必要であると考えた。ただ、検討しなければならない課題も多く、筆者が認識していない論点も多い分野だというのは認めなければならない。今後の議論を深めて、サイバー保険同様さらに検討しなければならない分野であるのは間違いないであろう。知的財産訴訟保険やサイバー保険のような無形資産を守る新しい保険の検討を通じて、損害保険事業における共同行為の再検討の必要性も提言しておくことにし、今後の検討課題としたい。

第**4**章
雇用慣行賠償責任保険の実用的価値

第1節　序　　説

　雇用慣行賠償責任保険（Employment Practice Liability Insurace, 以下「EPL 保険」）の歴史は非常に浅く 1990 年代初めにアメリカで商品化されている。不当解雇、雇用差別、ハラスメントに起因する損害賠償請求に対する補償が典型であり、損害賠償金や和解金、防御費用が保険金支払の対象となる。被保険者の範囲は会社と役職員であり、通常は原告が会社と役職員を被告として訴訟提起することが多く、その点では包括的に対応できるようになっている。

　また、EPL 保険は対人損害や対物損害等の物理的損害以外の純粋経済損害に対する損害賠償責任保険の一種なので損害賠償金の補償が強くイメージされるが、企業が実務で活用する場面を想定すると防御費用の補償がかなり重要であるといえる。そして、どのような場合に保険が有効に機能するのか、あるいは保険の実用的価値はどこにあるのかということについて理解するのが難しく、損害保険業界においてもかなり特殊な保険の部類に入ることから EPL 保険の普及自体がそれほど進んでいるとは思えない。

　このような背景から本章において、EPL 保険に関連する国内外の労働法や訴訟の状況を概観し、それを踏まえて EPL 保険の機能はどこにあるのか、またどのような場面で有効に機能するのか考察し、EPL 保険の実用的な価値について検討したいと思う。

第2節　労働環境の変容と各国労働法制

[1] 新たな労働環境と人事管理
　近年、働き方改革などといわれ日本の雇用形態も大きく変わろうとしている。

今までは、長期的雇用契約とそれに付随した企業内訓練、社内競争を経た昇進による勤労意欲の増進など、「ゆりかごから墓場まで」的な労働環境が整えられていた。しかし、それも明治時代まで遡るとまた別の世界があった。当時の機械職人は熟練工が売手市場の立場を謳歌し日本全国を飛び回っていたということである[1]。その後、大正末期から昭和初期において大企業ができるだけ子飼いの従業員を長期継続的に雇用しようとした。その理由としては、当時盛んになってきた労働運動を抑えるためにより良い条件を提示し、安定した職場を提供し労働者の定着率を高めようと模索したためだとされる。その結果、人の移動も減少し簡単には外から人材を採用しノウハウを取り入れることができなくなった。そして、それを補うように企業の社内人材教育による投資も増え、労働者は生涯一つの企業に働くように労働力が固定化されていったという[2]。また、労働運動の高揚は政府にも衝撃を与え、労使の協調が政策課題になった。

　そして、今は労働運動の代わりに人口減少、人材の多様性、生産性悪化につながる長時間労働の解消などに対応するため働き方改革にたどり着き、一つの重要な課題となっているわけである。皮肉にも現代社会においても明治時代の職人のように組織を超えて活躍しだす人材も増え、また、自らの生活様式に合わせた働き方を選ぶ人も増えてきている。このような環境において、企業は一パターンの雇用契約書では運用しきれない時代になったといえる。よって、今後、わが国でも人口減や人材の多様化により上司と部下の関係が変容し、よりマトリックス型の組織に変化していくであろうし、労働市場の流動性も高まることであろう。当然、雇用契約の形態もより多様になり、より複雑なものになっていくと思われる。とにかく、今までの職場環境は一変し人間関係もより網の目型になり、タテの関係、ヨコの関係のみでは説明しきれない組織の状況が当たり前になってくる。当然、企業や労働者の中には、その変化に対応しきれないものも出てくるであろう。そして、職場の関係も不確実性を増すことになり、日本国内においても従来の規範では対応しきれない事象が出現し労働訴

1　尾高煌之助「「日本的」労使関係」岡崎哲二＝奥野正寛『現代日本経済システムの源流』146頁（日本経済新聞社、1993年）。

2　尾高・前掲注1　154頁。

訟は増加するものと思われる。

　また、日本企業も国際化が進展し文化や宗教、哲学、言語、人種、行動様式の異なる国々で事業活動するようになっている。そのような国では当然、わが国と異なる労働法および人事労務管理が存在するわけで、日本企業は各国に即した人事政策をとる必要があり、それぞれの国の労働法や現地の実務に対応していくことが求められる。また、グローバル化した企業は、世界で最適な製造拠点や営業拠点を求めて常に組織を再編成していかなければならない宿命にある。そのとき、戦略的な人員削減や整理解雇は必ずつきまとう課題である。問題なのは、自社が進出しているすべての国の労働法や人事労務管理に精通することは困難であるということであろう。そこで、EPL 保険が現地法人の撤退に伴う整理解雇時のリスク管理の道具として活用価値がでてくることや、現地で労働訴訟のおそれが生じた場合の初動に役立つことが強調されることになる。後で詳述するが、EPL 保険約款において保険者に防御義務（duty to defend）が規定されていることが多く、この防御義務を有効活用することが重要になってくる。

　さらに、国際化という視点でみると全世界の人材を適切に配置するという観点に立ち、海外の優秀な人材が日本の本社で活躍する場面も想定されるし、現実にそのような事象は生じている。言語の問題、文化の問題、宗教の問題、生活様式の問題など、様々な問題を克服しなければならないであろうが、組織に変革をもたらすためには必要なコストであると考え、積極的に人材を活用する企業が増えている。ときには、認識や経験してきた事柄の違いから相互理解が難しく、途中で議論を放り投げたい気持ちになることもあろうが、そこから新たな道筋もみえてくるわけである。当然、職場には緊張感が立ち込めることもあるであろうし、ギリギリの議論の中で相互理解に至らない場合は些細な事柄から訴訟に至ることもあるかもしれない。しかし、日本企業が真の意味で国際化していくためには、通らなければならない道程なのだと思われる。アメリカのような訴訟社会化が望ましいとは思えないが、ある程度の軋轢は覚悟していく必要があろう。

② 各国で異なる解雇法制の理解

　EPL 保険の主要な補償に不当解雇による損害賠償請求がある。わが国では労働者側からは、「自分はクビになる」、あるいは雇用者側からは「お前はクビだ」という表現がよく使われるが、日本の労働法をよく理解するとそう簡単には解雇できないことがわかり、アメリカ等に比べ労働者がいかに恵まれた環境にあるか実感できる。

　この問題に関して日本の労働基準法は、長らく解雇を一般的に制限する規定を設けていなかった。しかし、裁判所は解雇を制限する方向で調整してきた。すなわち、民法は期間の定めのない雇用契約について、2 週間の予告期間を置けばいつでも解約できる旨を定めている（民法 627 条 1 項）一方で、解雇権濫用の法理で解雇を制限してきたわけである。最高裁は 1975 年の日本食塩製造事件[3]において解雇権濫用法理を採用し、その後、この法理は 2003 年労働基準法の改正によって当時の 18 条の 2 において明文化され、さらに 2007 年労働契約法の制定に伴い 16 条において、判例の表現とほぼ同じく「解雇は、客観的に合理的な理由を欠き、社会通念上相当であると認められない場合は、その権利を濫用したものとして、無効とする」と規定され、解雇権濫用法理は同条に引き継がれた。ここにいう合理的理由は、労働者が事故などで労働能力を喪失したことや、労働者に義務違反があったこと、あるいは経営上の必要性で人員整理もやむを得ないというような事情であるが（客観的合理性の要件）、このような理由のどれかが存在したとしても社会通念上相当な事情がなければ解雇は許されていない（社会的相当性の要件）。そして、日本の裁判所は容易に解雇の社会的相当性を認めず労働者側に有利な諸事情を考慮したり、解雇以外の手段による対処を求めたりすることが多いとされている[4]。

　有期労働契約における雇止め問題についても、判例では労働契約を反復更新した場合には、その有期労働契約は、期間の定めのない契約に転化したものとみなされるとして、解雇権濫用法理を適用している場合もある[5]。さらに反復

3　最二小判昭和 50・4・25 民集 29 巻 4 号 456 頁。

4　水町勇一郎『労働法〔第 7 版〕』182-183 頁（有斐閣、2018 年）。

5　最一小判昭和 49 年 7 月 22 日民集 28 巻 5 号 927 頁、最一小判昭和 61 年 12 月 4 日労判 486 号 6 頁等。

更新のない雇止めを違法とする裁判例も登場し[6]、この判決をきっかけに、必ずしも反復更新という事実がなくても、雇用継続の期待が法的保護に値するほど高まっている場合は、そのような期待を保護する考えもあらわるようになっている[7]。

　このような日本の解雇法制を考えると、解雇される労働者自身が法的手段に訴えれば、解雇という労働者にとって最悪の事態を回避できる事例は日本で多いのかもしれない。ただ、訴訟嫌いの国民性や司法へのアクセスの悪さのおかげで、わが国における労働訴訟は過去においてそれほど脚光を浴びることはなかったといえる。

　そして、わが国で労働訴訟といえばハラスメントが連想されることが多いが、アメリカでは雇用機会均等委員会（EEOC: Equal Employment Opportunity Commission）[8]に提訴される件数はハラスメントより不当解雇のほうが多い〔図表 4-1〕。また、全体として提訴される件数は減少傾向にあるが金銭的補償は増加傾向にあり、1 件当たりの金銭的補償額が増えている。もっとも注意すべきはカリフォルニア州であり、そのほかウェスト・バージニア州やニュージャージー州なども賠償額や防御費用が高額になりやすい。また、一般的に従業員が 100 名以上いる会社では、3 年に 1 回の割合で労働訴訟が発生するといわれる。

　わが国では解雇権濫用法理によって雇用の維持がもっとも尊重され、一方で労働条件の柔軟な変更が認められ企業内部で柔軟性を維持して調整がなされるという。そして日本の対極に位置するアメリカは「随意雇用（employment-at-will）」契約で解雇はなんら条件もなくでき余剰人員の整理も容易である分、労働市場に柔軟性があるとされる。このような背景をもとに日本の労働市場を内部労働市場型、アメリカを外部労働市場型であるという整理もなされている[9]。

6　大阪高判平成 3 年 1 月 16 日労判 581 号 36 頁。
7　大内伸哉編『有期労働契約の法理と政策』31-32 頁〔篠原信貴〕（弘文堂、2014 年）。
8　アメリカにおいて各種差別禁止法制があり、それらの法を執行するための機関になる。従業員から差別の申立てがなされると調査員を派遣して当事者に和解を促す。さらに違法性の強い事案に対しては自ら裁判所に訴訟を提起し、被害者が多数に上る場合は集団訴訟となることもある。
9　荒木尚志『雇用システムと労働条件変更の法理』7-9 頁（有斐閣、2001 年）。

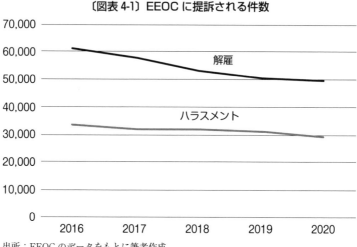

〔図表 4-1〕EEOC に提訴される件数

出所：EEOC のデータをもとに筆者作成。

　そして、このアメリカの随意雇用契約の源流は自由放任主義[10]にあるとされ、契約自由の原則がそのまま雇用契約に反映されたものとされる[11]。ただし、①解雇が公序違反に該当する、②誠実・公正扱いの義務に反する、③精神的苦痛を故意に与える、というような場合には、解雇の自由は制限される[12]。また、解雇するとしても解雇通知はクリスマス前を避けることや、就業時間が終わりに近いタイミングで本人に伝えることで、他の同僚の前での極まりの悪さも避ける配慮が実務上必要になってくる。このように、アメリカの随意雇用契約は日本人の感覚では理解しにくいものであり、アメリカ子会社などで実務を担当する者は事前に教育研修を受けておく必要があるといえる。

　また、その他主要国の解雇法制も比較検討のため以下にみておくことにする。

　イギリスの場合、解雇が認められるためには、能力不足、重大な非行、剰員整理、違法、その他相当の理由が必要とされ、これらが真実であると合理的に

---

[10]　フランス語のレッセフェール（laissez-faire）という「なすに任せよ」という思想からきたもので、政府が企業や個人の経済活動に干渉することなく市場原理に任せることを意味する。

[11]　小宮文人『英米解雇法制の研究』94 頁（有斐閣、2001 年）。

[12]　小宮・前掲注 11　119 頁。

考えられる根拠を示す必要がある[13]。特徴的な点は不公正解雇に対する救済として損害賠償金では不十分と考えられる場合に差止命令（injunction）も認められていることである[14]。救済については、復職・再雇用が優先的手段として法定されているが、実際にはほとんどの事件で金銭的補償しか命ぜられておらず、その額も極めて低額とされる[15]。イギリスはアメリカと類似法制と思われているが、実際にはかなり異なることになる。

　フランスの解雇は一般的に、人的事由による解雇、懲戒的事由による解雇、および経済的事由による解雇に三分類できるが、解雇は「真実かつ重大な理由」がなければならないのでかなり制限的である[16]。また、経済的事由による解雇の手続きは解雇そのものを回避し、できるだけ雇用調整しようとする制度として機能しており、失業率を低く抑えるための労働政策と密接な関係があるとされ[17]、制度的には日本と類似しているといってよいのではないであろうか。そして、解雇に真実かつ重大な事由がない場合、労働者は企業規模と勤続年数に応じて賠償金を請求できる。たとえば、従業員11名以上の企業で勤続年数2年以上の労働者には賃金6ヵ月分以上の賠償金が予定されており、復職提案もできることになっているが当事者に拒否権もある[18]。

　ドイツで解雇が有効であるためには客観的な理由と社会通念上の相当性が求められており、解雇はできるだけ避けられるべきであるという考えが根底にある[19]。基本的に解雇は厳しく制限され雇用関係の存続は基本的価値とされており、有期契約の利用も解雇規制の抜け道防止のために限定されている[20]。さらに、民法典には解雇告知期間は規定されているが、25歳までが4週間、25歳

---

[13]　荒木尚志ほか編『諸外国の労働契約法制』339頁〔有田謙司〕（労働政策研究・研究機構、2006年）。

[14]　藤木茂「イギリス雇用契約における契約違反の法的救済について—契約違反の解雇に対する救済を中心として—」法学志林89巻3・4号214頁以降（1992年）。

[15]　小宮・前掲注[11]　217頁。

[16]　野田進『労働契約の変更と解雇 - フランスと日本 - 』235-250頁（信山社、1997年）。

[17]　野田・前掲注[16]　332頁。

[18]　荒木ほか編・前掲注[13]　268-269頁〔奥田香子〕。

[19]　西谷敏『人権としてのディーセント・ワーク - 働きがいのある人間らしい仕事』78頁（旬報社、2011年）。

[20]　荒木・前掲注[9]　177頁。

以降は勤続年数に応じて延長されており、たとえば、勤続 10 年で 4 カ月、12 年で 5 カ月、15 年で 6 ヵ月となっており、勤続年数の長いものを迅速に雇用調整することは困難と考えられる[21]。

　最後に中国では、1995 年労働法が施行されるまで終身雇用が一般的であり、解雇はまったくみられないものであったが、市場経済に移行する過程で使用者の解雇権が認められるようになった[22]。そして、解雇の場合には優先権のルールがあり、勤続年数が長い労働者、期限の定めのない契約の労働者、家庭に他の就業者がなく扶養を必要とする者がいる労働者は雇用が維持され、それ以外の者から解雇されることになる。解雇には経済的補償が必要で、勤続年数 1 年につき 1 ヵ月分の賃金相当額を支払う必要があり、6 ヵ月以上 1 年未満の期間については 1 年と計算することになる。また、6 ヵ月未満の場合にも半月分の賃金を支払わなければならない。ただ、基本的に解雇制限は厳しく、そのために期限のある労働契約も増えたという現象もあるようだ。

　以上のように、アメリカを除けば比較的日本の実務をもってしても各国で対応できそうであるが、それでも国によっては労働訴訟専門の裁判所が存在し、日本とは比較にならない数の事件が処理されている。たとえば、フランスの労働審判所は非常に評価が高く、迅速性・低コストなどに加えて労使への労働法の普及に貢献しており、年間 15 万件以上の事件処理が行われている[23]。また、ドイツにおいても労働裁判所のおかげで、迅速な紛争解決の実効性が確保されており、年間 60 万件以上の事件が迅速に処理されている[24]。このように現場の実務をみると、理論とは異なりわが国とは違う運用がなされていることもあるので、各国の人事労務の実態を理解しておくことは肝要なようである。

③ 判別が困難な雇用差別とハラスメント

　雇用差別は不当解雇と同じように EPL 保険の補償対象として重要なものである。その雇用差別に関して、わが国においては包括的に禁止する立法が存在

---

[21]　荒木・前掲注 9　117 頁。
[22]　李立新「中国解雇法制の変遷および問題点」九州国際大学法学論集 15 巻 3 号 24 頁（2009 年）。
[23]　荒木ほか編・前掲注 13　219 頁〔奥田香子〕。
[24]　荒木ほか編・前掲注 13　110 頁〔皆川宏之〕。

しない。また、労働基準法では国籍、信条、社会的身分や性別による差別禁止に限定されており、年齢や障害を理由とする差別は禁止されていない[25]。別途、労働施策総合推進法 9 条や障害者基本法 4 条等を参照しなければならず差別禁止法制の全体像を把握するのは難しい。そして、比較的同質な民族と文化、習慣の中で働いている日本人は、雇用差別に関してある意味で無関心なところがある。

　ところで、なぜ差別が禁止されるのかについては、本人の意思や努力によっては変えることができない不可変の属性による差別や、選挙権、信教の自由、思想・良心の自由、プライバシー権など基本的権利を侵害する差別は禁じられるべきであるという理念からくるものと考えられる[26]。一方、このような理念的根拠のみではなく、ヨーロッパでは雇用差別禁止が人的資源の活用による競争力の向上をもたらし、経済成長や雇用増大をもたらすという雇用政策上の理由からも推進されている[27]。これらの問題が複雑なのは、たとえば、わが国において定年制が当たり前にもかかわらず、アメリカ、カナダ、オーストラリアなどで違法であることがある[28]。これは日本人にとって馴染みのないことであり、無意識のうちに定年制が常識であると思い込んでいることで年齢差別を惹き起こしかねない。あるいは、わが国においてまだイスラム教徒は少ないが、インドネシアの労働法などにおいては祈祷を行う従業員に対して、会社は十分な機会を与える必要があることが定められていることもある[29]。比較的宗教に無関心な日本人にとっては、このような世界の異なる宗教を理解することは非常に難しいことであろう。このように、日本企業も全世界に拠点を構えて事業を展開する時代になり、人事管理も非常に複雑で深淵になっている事情がある。

　また、理解が難しいが、間接差別という概念も議論されるようになっている。

---

[25]　山川和義「雇用差別禁止法制の到達点と課題」法律時報 85 巻 3 号 37 頁（2007 年）。

[26]　安部圭介「差別はなぜ禁じられなければならないのか」森戸英幸＝水町勇一郎編『差別禁止法の新展開』28-29 頁（日本評論社、2008 年）。

[27]　櫻庭涼子「EU の雇用平等法制の展開」法律時報 79 巻 3 号 64 頁（2007 年）。

[28]　櫻庭涼子『年齢差別禁止の法理』61-62 頁、106 頁（信山社、2008 年）。安部・前掲注[26]　27 頁。

[29]　山口浩一郎監修「統合人事管理」研究会編『統合人事管理 - グローバル化対応の法律実務』58 頁〔平尾嘉昭〕（経団連出版、2015 年）。

アメリカにおける間接差別に関する最初の判決[30]は、電力会社の作業員の資格要件として高卒以上の学歴と一般的な知能テストへの合格を義務付けた会社に対して、たしかに人種に中立的な要件であるが教育上の差別を受けてきた黒人に対して間接的な差別になっていると判示している。これはマイノリティにとって「仕組まれた向かい風」となっており、職務遂行能力の判定とは無関係なテストは許容されないとされた。アメリカではこのような間接差別のことを差別的取扱い（disparate treatment）ではなく差別的効果（disparate impact）と呼んでいる。この判決と同じ法理はその後、イギリスにおいて間接差別（indirect discrimination）と呼ばれるようになり、1975 年性差別禁止法で明文化されることになった。そして、わが国でも男女雇用機会均等法（以下「均等法」）に間接差別を禁止する条文が新設されるべきであるという意見もあり[31]、均等法 7 条において規定されることになった。国によって間接差別の対象は異なるが、身長、体重、体力要件、全国転勤要件、学歴・学部要件、転勤経験要件などは間接的に男女別の取扱いが間接差別となり得る。また、職務内容がほぼ同じでも正社員とパートタイム労働者で同一賃金でないことも差別になり得る[32]。この点、EU では間接差別に該当する行為形態は拡大される傾向にあり[33]、男女の別なく「等しいものは等しく」扱うという理念は浸透している。

　次に、ハラスメントに関しては、昔からセクシャル・ハラスメント（以下「セクハラ」）が指摘されることが多かった。この問題はどの国も国際化し人の往来が増した現代においてますます複雑になっており、たとえば、国によって異なる風俗や習慣に根差すものもあり非常に繊細である。コミュニケーションの仕方を一つとってもパーソナルスペースは民族や文化によって異なり、人によって他人に近づかれると不快に思う距離は異なることがあるわけで非常に微妙な配慮が必要である。また、同じ発言でも人によって受け取り方は千差万別であるので、どんなに注意しても想定外の受け止め方をされることもある。

30　Griggs v. Duke Power Co., 401 U.S. 424 (1971).

31　相澤美智子「間接差別法理の内容と適用可能性」日本労働研究雑誌 538 号 38-39 頁（2005 年）。

32　相澤・前掲注 31　40-41 頁。

33　黒岩容子「性平等に向けての法的枠組み－ EU 法における展開を参考にして」日本労働研究雑誌　648 号 62-63 頁（2014 年）。

　さらに、セクハラの法理が一応の成熟をみたあと、合理的な人からみて適法な行為であるにもかかわらず不合理にその行為を非難する過敏な人、いわゆるハイパーセンシティブ・ビクティム（hypersensitive victims）の問題も出現している[34]。たとえば、ごく普通の宴席で「若い女性と飲むと美味しいね」、「今度お好み焼きを食べに行きましょう」などと述べる行為が、直ちに不法行為を構成するということはないと思われる[35]。当然、このようなことで簡単に訴訟を提起する過敏な人がセクハラだと主張した場合まで、法的に保護する必要はないわけであるが、それでもこのような過剰な訴訟を止める術をわれわれは持たない。また昨今では、上司や同僚がいじめ・嫌がらせに当たる言動を繰返す、上司が部下に感情を傷つけるような侮辱的メールを送る、上司が感情的になって大きな声で部下を叱責するなど、人格権を侵害するようなパワー・ハラスメント（以下「パワハラ」）も注目されるようになっている。

　あらためて整理すると、ハラスメントには相手の意に反する性的な言動としてのセクハラと、職務上の地位・権限を利用した、いじめ・嫌がらせとしてのパワハラの二つの類型があり、これらは被害者の人格的利益や働きやすい職場環境のなかで働く利益を侵害する行為として不法行為になり損害賠償請求の対象となり得る。とくにわが国においては、解雇や労働条件の引下げによる不当解雇訴訟よりも、いじめ・嫌がらせに起因するハラスメントの労働紛争は増加傾向にあることを注視する必要がある〔図表4-2〕。また、会社はうつ病など心の病を抱える従業員に対しても特別な注意が必要であり、心身の健康が損なうことがないように注意する安全配慮義務（労働契約法5条）を負う。

　一方、アメリカにおいては、いじめなどに対する認識や対策はセクハラや雇用差別規制に比べると遅れているといわれている[36]。また、セクハラに起因する金銭的補償の額に増加がみられるので注意が必要である。いずれにしても、多人種が共生するアメリカという国では、複雑なハラスメントの事例が多いの

34　山﨑文夫「セクシャル・ハラスメント法とハイパーセンシティブ・ビクティム問題」国士館法学
　　37号49頁（2005年）。
35　東京地判平成12年4月14日労判789号79頁。
36　水谷英夫『職場のいじめ―「パワハラ」と法―』90頁（信山社、2006年）。

〔図表 4-2〕厚生労働省に持ち込まれる相談件数

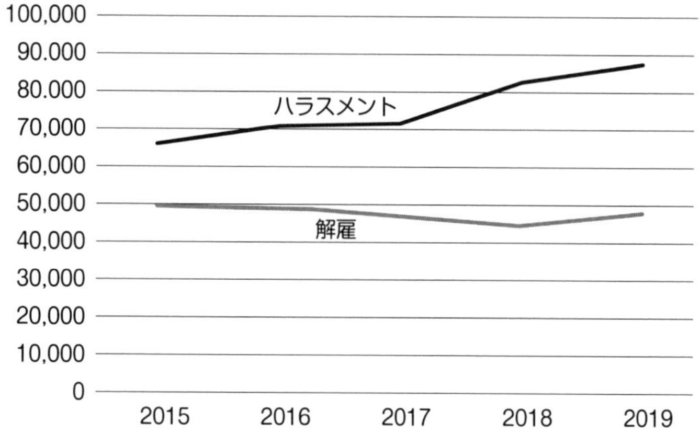

出所：厚生労働省のデータをもとに筆者作成。

で常に最新の動向は把握しつつ、具体事例やトラブルの類型化を試みるのは有用であると思われる。

　また、興味深い見解に国際労働機関（ILO）と世界保健機構（WHO）による職場のメンタルヘルスに関する共同報告書[37]があり、職場におけるストレスの増大が暴力やいじめの背景になっていることを指摘している。さらに、ILOの報告書においては、1980 年代後半から欧米諸国において、「チームワーク」や「かんばん方式」が導入され、日本的人間関係の重視が職場にストレスをもたらしハラスメントを助長したとする[38]。いずれにしても、日本企業も全世界に拠点を構えて、あらゆる国の労働者を採用しているわけなので、ますます多文化の中でのマネジメント能力向上が求められている。その過程で生じる予見が難しい雇用差別やハラスメントに起因する労働訴訟に対して、EPL 保険の活用余地が増大することと思われる。

---

[37]　Gaston Harnois an Phyills Gabriel, *Mental Health and the Work Impact: Issues and Good Practices*, World Health Organization/International Labour Organization (2000).

[38]　Phyills Gabriel & Marjo-Riitta Liimatainen, *Mental Health in the Work Place: Introduction Executive Summaries*, 16 International Labour Organization (2000).

第3節　EPL 保険の機能と本質的価値

1 EPL 保険の補償と隣接保険商品

EPL 保険は、アメリカで 1990 年代初頭に大手の保険者によって商品開発されており、1998 年には保険の統計データ収集や標準保険約款の作成をしている保険機構の Insurance Services Office Inc.（ISO）によっても標準 EPL 保険約款が開発されている。しかし、主要な保険者の多くは独自の保険約款を販売しているのが実態である。

一方で当初、EPL 保険には意図的な行為（intentional act）の免責条項があったが、労働訴訟（以下「EPL 訴訟」）に発展する事案の多くが意図的な行為があるのが通例で、ほとんど保険として機能しなかったので普及しなかったとされる [39]。その後、意図的な行為の免責条項は削除されることになり、EPL 保険の補償に実効性が確保された。そのほか、経営合理化免責（downsizing exclusion）のように、会社が一時解雇や一定の割合の従業員を解雇した場合は補償の対象外とするものや、集団訴訟免責（class action exclusion）のように多数の原告によって巨額の損害賠償請求された場合は補償対象外とするもの、あるいは身体障害・財物損壊免責（bodily injury/property damage exclusion）として、EPL 訴訟でありがちな精神的苦痛 [40] までも補償対象外としてしまうものもあった [41]。しかし、これらの免責条項は削除あるいは修正されることによって現在の EPL 保険の免責条項はかなり制限されたものとなり、被保険者としては充実した補償が入手できるようになっている。

補償に関する三つの典型的な事案としては、不当解雇、雇用差別、そしてハラスメントがあり、会社と役職員の双方が被保険者となっている。そもそも、アメリカにおいて EPL 訴訟は、会社に対して提起されることが多く、会社に

---

[39] Jeffrey P. Klenk, *Emerging Coverage Issues in Employment Practice Liability Insurance: The Industry Perspective on Recent Development*, 21 Western New England Law Review 32, 333 (1999).

[40] 身体障害免責には精神的苦痛も含まれるとする裁判例もあれば、精神的苦痛は除外されるとする裁判例もある。

[41] Klenk, *supra* note 39 at 333-335.

対する補償がなければ保険としての価値もないことになる[42]。一方、わが国においても使用者責任（民法 715 条）があるので、EPL クレームに対して会社が責任を負うであろうし、その責任も一次的なものとしてまずは会社が損害賠償金を支払っていると思われる。会社が損害賠償金を支払った後に、従業員に対して求償できるかという問題も、従業員に資力がないことが多いので実益に乏しく、従業員の故意または重過失の場合だけ求償が認められるべきとされ[43]、現実的には会社から従業員への求償も役員への求償もかなり制限的にしか認められていない[44]ことを考えると、わが国でも同じように EPL 保険に加入することで、会社を被保険者とすることに意義はあることになる[45]。

　EPL 保険約款の構造を確認すると、一般的に補償条項において保険者は被保険者がなした不当行為またはその申立てに起因して、保険期間中もしくは延長通知期間中に被保険者に対して最初に損害賠償請求がなされたことによって、被保険者に法律上の支払義務が生じるすべての損害について、被保険者のために保険金を支払うことになっている。このことから、EPL 保険は請求事故方式（claims made basis）であることが理解できる。そして、この "claims made basis" の用語は、「損害賠償請求方式」と呼ばれることもあるが、当局の調査なども請求（claim）の定義に含まれることを考えると、「請求事故方式」としておく方が実態にそぐっていると思われる。

　また、多くの場合、被保険者に「代わって支払う（pay on behalf）」とする責任負担型であり、「補償する（indemnify）」とする先履行型の責任保険ではない。そして、請求（claim）の定義によって、雇用関連の訴訟に対してのみ

---

[42]　*Id.* at 325-326.

[43]　加藤一郎『不法行為〔増補版〕』189-191 頁（有斐閣、1974 年）。

[44]　神田孝夫『不法行為責任の研究』201-202 頁（一粒社、1998 年）。

[45]　一方、最一小判昭和 51 年 7 月 8 日裁判例情報では、「使用者が、その事業の執行につきなされた被用者の加害行為により、直接損害を被り又は使用者としての損害賠償責任を負担したことに基づき損害を被った場合には、使用者は、その事業の性格、規模、施設の状況、被用者の業務の内容、労働条件、勤務態度、加害行為の態様、加害行為の予防若しくは損失の分散についての使用者の配慮の程度その他諸般の事情に照らし、損害の公平な分担という見地から信義則上相当と認められる限度において、被用者に対し右損害の賠償又は求償の請求をすることができるものと解すべきである」と判示するものもある。

補償を提供することを明確化する。たとえば、損害賠償請求や各種民事手続き、仲裁手続き、起訴通知、正式な調査命令、不当解雇もしくは雇用関係の終了、雇用に関する不実表示、雇用差別法違反、不当な懲戒、プライバシーの侵害、雇用に関する名誉棄損や精神的苦痛に関するものなどを請求として定義しており、EPL 保険が雇用関連の請求に対応する保険であることが明確化されている。すなわち、他の賠償責任保険と異なり EPL 保険は雇用に関連する損害賠償請求等に特化した、かなり特殊な賠償責任保険といえる。

　そして、1990 年代はじめにアメリカで EPL 保険が開発される前は、次の各種保険でクレーム対応がされようとしていた。

- ・企業総合賠償責任保険（Commercial General Liability Insurance）
- ・アンブレラ保険 / エクセス保険（Umbrella and Excess Liability Insurance）
- ・労働災害総合保険 / 使用者賠償責任保険（Workers' Compensation Insurance and Employers' Liability Insurance）
- ・会社役員賠償責任保険（Directors' and Officers' Liability Insurance）

　しかし、当初アメリカの保険者は、まさか雇用関連の訴訟が頻発し企業総合賠償責任保険（以下「CGL 保険」）に保険金請求が来るとは想定していなかったものと思われる。そして、アンブレラ保険も含めて CGL 保険には明確な免責条項は存在しなかったので、雇用慣行賠償責任に関する保険の有無責が曖昧な状況にあった。その後、CGL 保険やアンブレラ保険を提供している保険者は、そのような補償を提供する意図がなかったことにすぐ気がつき、CGL 保険に雇用関連訴訟免責（employment related claims exclusions）を付帯し始めることになった[46]。このように 1990 年代に雇用関連訴訟によって賠償責任保険市場は変容し、保険者は CGL 保険により広い雇用関連訴訟免責を採用することにより EPL 訴訟を免責として、その代わり EPL 保険が企業向けの賠償責任保険市場で重要な保険商品として位置付けられるようになったわけである[47]。すな

46　Klenk, *supra* note 39 at 324.

わち、CGL 保険約款では身体の障害や財物の損壊の発生が保険適用の要件とされており、EPL 訴訟を CGL 保険で対応することには無理があるとされた。

　基本的に純粋経済損害（pure economic loss）が損害の本質である EPL 訴訟では、身体の障害も財物の損壊も生じていないので CGL 保険などの補償対象外と考えられている。すなわち EPL 訴訟では、精神的苦痛（emotional distress or mental anguish）を伴うとしても、身体の障害（BI: bodily injury）の定義には該当しない[48]とされ、さらに純粋経済損害だけでは財物の損壊（PD: property damage）の支払要件にも該当しないことになる。ここで争点になるのは、本当に精神的苦痛は身体の障害の定義に該当しないのかどうかである。保険者はしばしば身体障害は身体的な兆候の存在が必要になるので、精神的苦痛は身体の障害の要件を満たさないということで保険金支払を拒否する。しかし、裁判所は、身体の障害の概念には明らかな身体的兆候があるときだけ認める場合[49]、あるいは身体的兆候がなくても精神的苦痛は身体障害の一形態であると考える場合[50]、さらには身体障害の要件に、涙が出た、悪夢を見た、髪が抜けたなどのわずかな身体的兆候を要求する場合もある[51]。このように、雇用関連の訴訟に関して CGL 保険の身体の障害の要件は曖昧であり、州によって補償の有無が異なり、約款の構成と実際の損害賠償請求の内容しだいで結果も異なってくる[52]。

　一方で、アンブレラ保険では身体の障害に加えて人格権侵害（personal injury）の補償が提供されることがある。アンブレラ保険は CGL 保険を含む各種賠償責任保険の超過損害保険として購入される補償の範囲が非常に広い保険である。この保険であれば人格権侵害の定義に差別や名誉棄損、プライバシーの侵害なども含まれるので、雇用関連の訴訟も補償の範疇に入ってくることに

47　Lorelie S. Masters, *Protection from the Storm: Insurance Coverage for Employment Liability*, 53(4) The Business Lawyer 1249, 1273 (1998).

48　AIM Ins. Co. v. Culcasi, 280 Cal. Rptr. 766 (1991).

49　Burroughs v. FFP Operating Partners, L.P., 28 F.3d 543, 546 (5th Cir. 1994).

50　Continental Cas. Co. v. Canadian Universal Ins. Co., 924 F.2d 370, 374 (1st Cir. 1991).

51　Pekin Ins. Co. v. Hugh, 501 N.W.2d 508, 511-12 (Iowa 1993); Holcomb v. Kincaid, 406 So. 2d 650, 652 (La. Ct. App. 1981);

52　Masters, *supra* note 47, at 1252-1253.

なろう[53]。

　次に問題となるのは、意図的な行為（intentional acts）の取扱いである。仮に不当解雇などによる精神的苦痛が身体の障害に該当し補償を提供するとしても、CGL 保険の適用には事故（occurrence）の発生を必要としている。保険事故とは断続的であろうと反復的であろうと偶然な出来事（accident）と定義される[54]。よって、不当解雇や雇用差別などは意図的になされる行為は保険事故に該当しないとされる。いくつかの裁判例でも不当解雇は偶然に発生したものではなく、むしろ意図的になされた行為なので事故には該当しないとする。たとえば、従業員の解雇は CGL 保険の事故とはまったく相容れない概念であり、よって、申立てられた身体の障害は事故によって生じたものではないとされている[55]。あるいは、雇用関連の事故は予期され（expected）、あるいは意図された（intended）性質のことであるため、CGL 保険の補償は提供されないとされる[56]。そして、カリフォルニア州のある裁判例では、結果的な損害が予期できていなかったとしても、セクハラや不当解雇は意図的行為である限り、予期されたあるいは意図されたという意味で補償の提供はないとする[57]。そして、多くの保険者はこの事例を拠り所とする。なぜなら、カリフォルニア州保険法 533 条では、被保険者の意図的行為の損害に対して保険者は責任がない、と規定されているからである。

　さらに、労災補償保険や使用者賠償責任保険も雇用関係で発生した身体の障害による請求を補償するために保険設計されており、多くの労災補償保険は故意や差別を免責としているので、ほとんどの EPL 訴訟を対象外としてしまう[58]。わが国における労働災害総合保険と使用者賠償責任保険に関しても同様

53　*Id.* at 1253-1255.

54　Joseph P. Monteleone & Emy P. Grotell, *Coverage for Employment Practices Liability under Various Policies: Commercial General Liability, Homeowners', Umbrella, Workers' Compensation, and Directors' and Officers' Liability Policies*, 21 Western New England Law Review 249, 253-254（1999）.

55　Smithway Motor Xpress, Inc. v. Liberty Mut. Ins. Co., 484 N.W.2d 192, 196（Iowa 1992）; Loyola Marymount Univ. v. Hartford Accident and Indem. Co., 271 Cal. Rptr. 528（1990）.

56　Masters, *supra* note 47, at 1258.

57　Coit Drapery Cleamers, Inc. v. Sequoia Insurance Co., 18 Cal. Rptr. 2nd 692（Ct. App. 1993）.

で、業務上の事由による身体の障害、すなわち業務災害を被った場合に補償の対象としている[59]ので、EPL 訴訟は対象外となる。

そして、D&O 保険でも通例は身体の障害と財物の損壊は免責となっており、EPL クレームは免責となる。もちろん、昨今は EPL 特約で EPL クレームに対して補償を提供する場合もあるが、それでも防御義務までは提供していないし、会社にまでは補償が拡張されていない。よって、保険金の配分（allocation）問題も生じる。すなわち、役員個人の責任割合と会社の責任割合が判然としないことが一般的なので、D&O 保険で保険金を多く得たいと思う被保険者は、役員個人の責任割合が多く会社の責任割合は少ないと主張し、一方、保険者は保険金支払を減らしたいと思い逆の主張をすることになる。このような問題を回避するために、保険約款には二種類の解決策が用意されている。一つは当事者が最善の努力（best efforts）をもって協議し保険金の配分を決めるというものと、もう一つは、保険金の配分問題が発生した場合は、役員個人が 80％、会社が 20％などと、あらかじめ保険金の配分を決めておくものがある[60]。

さらに、D&O 保険の EPL 特約による補償の拡張は、EPL クレームによって D&O 保険の支払限度額が費消してしまう問題があるため、役員は D&O 保険の支払限度額を EPL の事案で使いたくないと考える[61]。たしかに、昨今の D&O 保険は被保険者の範囲も拡大されて管理職従業員も含まれることが多いが、管理職従業員の EPL 訴訟によって大切な D&O 保険の支払限度額が費消され、より肝心な証券訴訟や株主代表訴訟に適切に対応できないことも問題であろう。

最後に日本の伝統的 D&O 保険約款でも身体の障害または精神的苦痛の免責があり、不当解雇や雇用差別、ハラスメントなどは補償対象外になっている。ただし、ハラスメントなどに起因する身体障害や精神的苦痛に対する責任の部

---

[58]　Clarance E. Hagglund et al., Employment Practice Liability Guide to Risk Exposure & Coverage 51 (1998).

[59]　東京海上火災保険株式会社編『損害保険実務講座 7 新種保険（上）』423-428 頁（有斐閣、1989 年）。

[60]　Hagglund et al., *supra* note 58, at 61.

[61]　Gary W. Griffin et al., The EPL Book, The Practical Guide to Employment Practice Liability and Insurance 131 (2d ed. 2004).

分が免責となるとしても、経済的な損害についてまでは免責は及ばないとされる[62]。たとえば、不当解雇で従業員が会社を被告として訴え、会社に損害が発生したことに起因して役員が経営責任を負った場合までは免責とされない。すなわち、D&O 保険は経営責任を追及された場合の補償を提供することに主眼が置かれているといえ、EPL 訴訟による直接的な損害はやはり EPL 保険で対応することが想定されているのであろう。

さらに、昨今わが国でも補償が拡張された D&O 保険では個人被保険者である役員や管理職従業員に対する EPL クレームも補償対象となっているが、そのような事象で D&O 保険を利用し支払限度額が減少してしまうことにも前述のとおり抵抗があろう。この点、役員にとって最後の砦といえる D&O 保険を株主代表訴訟や証券訴訟のために温存できる意味でも企業が EPL 保険を確保しておく価値が見出せる。

以上の複雑な議論を踏まえると、EPL 訴訟に対して確実に補償を確保できる保険は EPL 保険以外にはなく、他の保険はむしろ別の使命があって存在しているのであり、企業はそれぞれの保険の機能を理解したうえで使い分けていく必要があろう。企業は CGL 保険の難解な約款解釈のようなことで時間を費やしている暇はないので、ストレートに EPL 保険の機能を手に入れる必要がある。

また、アメリカの特徴的なリスクとして差別等に関する第三者訴訟がある。1964 年公民権法タイトル II において、あらゆる人は等しく商品やサービス、特典、公共の宿泊施設の利用など差別なく享受できる権利が補償されており、顧客や患者、依頼人、売主などから差別などで訴訟を提起された場合の、第三者訴訟の補償も提供されている[63]ことを付言しておく。

2 EPL 保険の真価としての防御義務

全世界担保の EPL 保険に関しては、保険契約者として防御義務を買うという意味合いが強調されてよいと思われる。事故が発生した場合は保険者が訴訟

62　山下友信編『逐条 D&O 保険約款』122 頁〔山下友信〕（商事法務、2005 年）。

63　Griffin et al., *supra* note 61, at 19, 165-166.

を管理し、そのための専門弁護士を選任する義務が保険者に発生する。もし被保険者が裁判を継続したくても、保険者が望めば和解できるし、また被保険者が和解したくても保険者が望めば裁判が継続できることになる[64]、という被保険者にとって不都合な部分は存在するものの、根拠のない不当請求や免責条項に該当しそうな有無責で微妙な事件に対しても、防御義務は有効に機能して保険者は防御義務を負う。保険約款には根拠のない請求、虚偽の請求、詐欺による請求に関しても、防御義務が適用になる旨が明記されていることが多い。そして、最終的に保険で免責となり保険者に保険金支払責任がない場合でも、免責が確定するまでは防御義務により保険者は訴訟対応することになるので[65]、被保険者にとっては訴訟管理のアウトソーシングができることになる。

　また、明らかに免責条項に該当する事故や、明確に補償対象外の損害賠償請求に対しては、当然に防御義務はないことを保険者は主張できるが、その場合、保険者としては免責あるいは補償対象外であることにかなり確信が持てない限りは、防御を拒むことはできないであろう[66]。なぜなら、安易に防御義務を否定すると保険者は防御義務違反を問われる可能性を抱えてしまうことになるからである。これでは、どうみても保険者に不利で被保険者に寛大すぎる保険約款にも思えるが、広範な防御義務が商品としての価値を高めているため、各保険者はこの商品のセールスポイントを減殺するようなことができなくなっている[67]。そして、保険者もこのような大きな負担を負うことを承知して保険料に織込んでいるといえる。

　さらに、免責金額（deductible）があっても防御義務は機能し、一般的に免責金額は 2 万 5,000 ドル（250 万円）[68] から 25 万ドル（2,500 万円）程度のことが多い。ここでの免責金額というのは、たとえば免責金額が 25 万ドル（2,500

64　Hagglund et al., *supra* note 58, at 95.

65　John H. Mathias, Jr. et al., Insurance Coverage Dispute §2.03[4] 2-46 (2004).

66　深澤泰弘「防御義務の有無に関する判断基準の検討—アメリカ法の近時の動向—」保険学雑誌 632 号 158 頁（2016 年）。

67　広瀬裕樹「アメリカにおける責任保険者の防御義務（一）」名古屋大学法政論集 179 号 91-92 頁（1999 年）。

68　この後、理解を容易にするために 1 ドル = 100 円で補足表記する。

万円）とすると、100 万ドル（1 億円）の損害が発生した場合、その損害額から
25 万ドル（2,500 万円）控除されて 75 万ドル（7,500 万円）が保険金として支払
われることで機能するわけだが、免責金額の範囲内の損害しか発生していない
段階でも、保険者は防御義務があるので防御活動に従事することになる。一方
で自己負担（self-insured retentions）という制度もあるが、25 万ドル（2,500 万
円）から 100 万ドル（1 億円）のことが多いといわれる[69]。自己負担の場合は
自己負担部分を超過するまでは防御義務が発生しないのが免責金額と異なる。
たとえば、前述の事例で自己負担の場合は、25 万ドル（2,500 万円）を超えな
い限り、保険者はなにも責任が発生しないので、25 万ドル（2,500 万円）の損
害までは、保険契約者が自ら訴訟対応をしなければならない。よって、もし保
険契約者が保険者の防御義務を重視している場合は自己負担ではなく免責金額
を使った保険設計が望ましいことになる。

　免責金額に関してさらに詳述すると、免責金額が適用されても支払限度額は
費消しない保険約款と、免責金額の適用によって支払限度額が費消する保険約
款があるので免責金額の条項は注意深く読む必要がある[70]。〔図表 4-3〕の事例
1 では被保険者の自己負担しなければならない額は、どちらの場合も同じであ
るが、事例 2 のように支払限度額を超える損害が発生した場合は、支払限度額
が費消するタイプの免責金額の場合、支払限度額が費消しないタイプの免責金
額に比べて、被保険者の自己負担額が増えることになる。

　そして、EPL 訴訟は従業員による管理職や人事部に対する口頭による不満
の表明からはじまるのが一般的であり、とくに初動が重要である。もしこの不
満の表明が経験不足の人事担当者などに無視されたり軽く対処されたりすると、
次にかならず EPL 訴訟へとつながることになる。よって、一部のアメリカの
EPL 保険では口頭による不満（verbal complaint）が請求の定義に含まれている
こともあり、より早い段階で保険者に所属する専門家が、被保険者に助言を与
えることによって適切に対応することが可能となる[71]。とくに訴訟が提起され

69　Griffin et al., *supra* note 61, at 174-175.

70　*Id.* at 174.

71　*Id.* at 111.

〔図表 4-3〕二種類の異なる免責金額

事例 1　　　　　　　　　　　　　　　　　　　　　百万円

	支払限度額が費消しない免責金額	支払限度額が費消する免責金額
免責金額	10	10
支払限度額	100	100
損害額	50	50
保険金支払	40	40
被保険者自己負担	10	10

事例 2　　　　　　　　　　　　　　　　　　　　　百万円

	支払限度額が費消しない免責金額	支払限度額が費消する免責金額
免責金額	10	10
支払限度額	100	100
損害額	110	110
保険金支払	100	90
被保険者自己負担	10	20

出典：Gary W. Griffin et al., The EPL Book, The Practical Guide to
Employment Practice Liability and Insurance 174（2d ed.
2004）をもとに筆者作成

てから 30 日以内に和解とすることが被告にとって、もっともよい結果をもた
らすといわれる。なぜなら、アメリカの原告弁護士は成功報酬（contingency
fee）で事件を受任していることが多く、初期段階では原告弁護士の調査など
作業も本格的に開始していないので、膨大な作業が発生する前に和解すること
で、成功報酬を手にする誘因があるわけである[72]。また、被告にとっても悪い
評判が公になるのを回避できるし、防御に割く時間も不要になるので望ましい
ところである。よって、保険者の選択に関しても初動で積極的に対処してくれ
る経験豊かな保険者を選ばないと、EPL 訴訟が提起される前の段階で有利な
和解の機会を逃すことにもなる。また、会社として EPL 訴訟を避けるだけで
はなく、原告となっている被害者としての従業員に対して会社として真剣に対

72　*Id.* at 112.

応しているというメッセージにもなるので、初期段階での和解を目的とした専門家の介入は望ましいことになる。

　また、不当解雇や雇用差別の損害額の抑制という観点でも早期和解は正当化できる。すなわち、アメリカ型保険約款における損害の定義に未払給与（back pay）や将来の逸失給与（front pay）が含まれていることがあり[73]、とくに過去の未払給与の損害が膨らむ前に和解することは重要な点といえる。原告は解雇される前の仕事やその仕事と実質的に同等の仕事についていない限り、未払給与の算定は損害賠償責任が立証されると、解雇された日から判決日までの給与が損害とみなされるので[74]、早期の和解が損害額の抑制につながることはわかる。一方、将来の逸失給与はあらゆるケースで認められるわけではない例外的な損害になる[75]。

　また、カナダにおいては、未払給与も将来の逸失給与という概念も法的には存在していないということで、カナダ型のEPL保険約款には一般的に損害の定義に反映されていないようである[76]。しかし、早期の和解が損害額を最小化することに寄与するのはカナダでも同じであろうし、わが国でも未払給与が損害額に含まれるのが通例なので、迅速な解決は望ましいといことは同じである。

　以上のように、EPL保険の防御義務は非常に価値があるサービスといえる。とくに全世界に拠点を有する国際的な企業にとって、全世界担保のEPL保険を購入して海外における体制を整えることは有用なはずである。自社のすべての進出国においてEPL訴訟の専門弁護士を確保するのは困難であるし、現地担当者任せにするのも問題である。もちろん、現場主義で現地担当者の対応を尊重することは重要であるが、後方支援という意味でも親会社でEPL保険を購入し、防御義務を有効活用することで各国での迅速な対応が検討されてもよいであろう。

---

[73]　Joseph M. Gagliardo, *Employment Practices Liability Insurance Policies and Coverage*, 43, Practical Law, November/December 2017.

[74]　Amy S. Wilson et al., The Practitioner's Guide to Defense of EPL Claims 270 (3d ed. 2013).

[75]　*Id.* at 272-273.

[76]　Eric A. Dolden et al., *Employment Practices Liability and Employment Practices Liability Insurance Coverage in Canada*, 53, Dolden Wallace Folick LLP. (2014).

③ 防御義務をめぐる当事者間の利益相反

　防御義務（duty to defend）は補償義務（duty to indemnify）より補償が広いといえる。この意味は防御義務の場合、保険者は報告された事故が、潜在的に補償の範囲に入るかもしれないという可能性の段階でも、防御義務を履行しなければならないからである。すなわち、最終的には保険者に補償を提供する責任がなかったという結果になろうとも、保険者は被保険者に防御を提供しなければならない。しばしば、原告が主張する訴訟原因には膨大な主張が含まれており、その中には補償が提供されるべきものがあったり、補償の範囲から大きく外れるもの、あるいは明らかに免責条項に該当するものがあったりするわけである。しかし、保険者としては免責に該当する主張も有責に該当する主張も含めて全体の主張に対して防御義務を負うことになる[77]。保険者が防御義務を負う保険約款の文言としては以下のものが想定される。

> Defense Provisions
> "The insurer shall have the right and duty to defend any claim covered by this policy. Coverage shall apply even if any of the allegations are groundless, false or fraudulent. The insurer's duty to defend shall cease upon exhaustion of the insurer's applicable limit of liability set forth the declaration for this policy"
>
> 防御条項
> 「保険者は、この保険証券で補償されるすべての損害賠償請求を防御する権利および義務を有する。それらの申立てが事実無根、虚偽もしくは不正なものであっても補償される。保険者の防御義務はこの保険証券に記載される支払限度額を費消したときに終了する。」

　一方で、防御義務が規定されていない保険約款例は次のとおりで、明確に被

---

[77]　Griffin et al., *supra* note 61, at 179.

保険者が自身で防御しなければならないことが理解できる。

> Defense Provisions
>
> "The insured retains the responsibility to defend any claim. The insurer has no duty to provide a defense to any claim."

> 防御条項
>
> 「被保険者はあらゆる損害賠償請求に対する防御の義務を負う。保険者はあらゆる損害賠償請求に対して防御義務を負わない。」

　ここで複雑なのは、防御義務によって保険者に指名された防御弁護士は、保険者との関係と保険契約者の関係があり、しばしば三角関係（eternal triangle）といわれる状況が作り出されることである。防御弁護士と保険者の間には契約関係があり、さらには強い経済的な利益も存在して親密な関係がある。一方で、防御弁護士は保険契約者に忠実義務や信認義務を負っているわけであるが、その関係はしばしば、ある特定の訴訟における一時的な関係となる。ただ、この保険者と保険契約者、防御弁護士の関係は常に利害が対立するというわけではない。もし、補償の有無が争点ではなく、明らかに補償が提供される事故で損害額も支払限度額の範囲内であれば、この三当事者は緩やかなパートナシップあるいは協力関係となり、共通のゴールに向かって目的を同じくすることになる[78]。その場合、それぞれの当事者は損害額を最小化しようと望むので、保険者が防御弁護士を選任することに問題は生じない。

　しかし、もしある事故が免責条項に該当しそうである場合、防御弁護士は免責を主張できる証拠をもとに保険者を免責にしてしまい、被保険者からは補償を奪うことになるかもしれない。なぜなら、保険者から委任された防御弁護士は、依頼人であり将来のビジネスをもたらす保険者の利益を無意識に追い求め、被保険者のための努力を怠ることになるかもしれないからである[79]。このよう

---

[78]　Mathias, Jr. et al., *supra* note 65 at §2.03〔4〕, 2-47-§2.03〔4〕, 2-48.

な微妙な状況下では、被保険者が自ら防御弁護士を選任するほうが望ましいことになり、そうすることで、当該事件が保険では免責に該当しそうな場合でも、被保険者によって委任された防御弁護士は被保険者の利益のみを考えて防御活動をすることが可能になる。

　また、支払限度額が費消した場合にも保険者には損害額を最小化しようとするインセンティブが失われるので、支払限度額を使い切った場合には保険者は防御義務から解放される。問題は大口の事故が発生して最初から支払限度額をはるかに超える損害額であることが判明した場合も、保険者としては損害額最小化へのインセンティブが働かないことになる。すなわち、保険者にとって保険事故処理に成功しようと失敗しようと、保険金支払額は、支払限度額の上限を超えることが明らかなため損害額を最小化しようとするインセンティブが失われるのである。このような場合、被保険者が最初から自分で防御弁護士を選任することも考え得るであろうから、早めに保険者と協議することが望ましい。

　さらに、原告から支払限度額以内の示談金額を提示された場合、当然に被保険者は自らの出費がなくなるので示談を受け入れるであろうが、保険者にとっては示談を拒絶して裁判で勝負するほうが自社の保険金支払額を減らせる、あるいは損害賠償責任なしとすることも可能なのではないかと考えるときもあり得る。この場合に問題となるのは、示談を拒否したが結果的には支払限度額以上の損害額が認定されてしまったときのことである。この場合、支払限度額を超える金銭的負担が被保険者に及ぶのを避けるために、保険者に解決義務（duty to settle）を負わせるのが一般的である。そして、解決義務が免除されるためには、示談拒否が適切であったことが必要であり、その示談拒否が適切であったかどうかの判断は、支払限度額が無制限の保険者がどう判断するかという基準が採用されることが多いとされ、支払限度額無制限基準（the disregard the limits standard）などと呼ばれている[80]。

　また、アメリカ法律協会の責任保険法リステイトメントが作成される段階で

79　*Id.* at §2.03[4], 2-49.
80　広瀬裕樹「アメリカにおける責任保険者の防御義務（二・完）」名古屋法政論集 181 号 200 頁（2000 年）。

も、合理的な解決の決定をなす義務（duty to make reasonable settle decisions）という文言を使用して、支払限度額無制限基準と同じ基準を採用しているとされる[81]。保険者はこのような基準をもって示談に応じるか、訴訟を継続するか判断しなければならず、示談拒否にはかなり慎重にならざるを得ないはずであり、社内検討の時間も含めた費用対効果を考えると多くの場合は協議のうえ示談に応じるのではないであろうか。さらに、保険者により厳しい判断基準となる厳格責任（strict liability）というものがある。これは支払限度額を超過した判決が出た場合、常に保険者が責任を負うという基準で[82]、この基準であれば保険者が示談拒否をする余地はないと思われ、訴訟に至ることなく示談で済むはずである[83]。どの基準が採用されるにしても、被保険者にとっては自分が望ましいと思う損害賠償額で手を打つことが可能になり、被保険者の視点では安心であろう。

　そのほか、アメリカの実務では、防御費用の適正化のために保険者から訴訟管理ガイドライン（litigation management guidelines）が提供されることがある。そして、防御弁護士がこの訴訟管理ガイドラインに従うことによって被保険者との利益相反が生じることがある。しかし、たとえ防御弁護士が保険者から選任されているとはいえ、やはり一義的に被保険者に対して忠実義務を負うので、被保険者の利益を犠牲にしてまで訴訟管理ガイドラインに従うことは許されないことになる[84]。

　また、別の観点であるが、保険者のアンダーライティングにおいて被保険者のリスクが大きいと判断した場合に、保険者が自社のエクスポージャー管理として、あえて損害賠償金に対する補償を提供せずに、防御費用の補償だけ提供するということもある。しかし、今までの議論を基礎に再考すると、このような保険者のエクスポージャー管理が当事者の利益相反の観点から逆効果であるかもしれないことが理解できる。すなわち、保険事故が発生した後、損害賠償

81　深澤泰弘「責任保険者の解決義務に関する一考察」損害保険研究 78 巻 2 号 39 頁（2016 年）
82　広瀬・前掲注 80　203 頁。
83　深澤・前掲注 81　49 頁。
84　Mathias, Jr. et al., *supra* note 65, at §2.03[4], 2-66.

金の補償がなく、防御費用の補償しかない被保険者は、損害賠償金を負担しないように防御費用の補償で支払限度額を使い切るまで防御し続ける誘因が働いてしまうかもしれない。仮に 5 億円の支払限度額があったとすると、損害賠償金と防御費用の双方の補償があれば、保険者も被保険者も 5 億円以内でできるだけ損害額を最小化しようと協力するであろう。しかし、防御費用の補償しかない場合は、そのような協力体制はなく、被保険者が 5 億円の支払限度額を存分に使って防御し、損害賠償金をできるだけ低く抑えようと行動してしまうことであろう。とくにアメリカのような高額な弁護士報酬が想定される地域では、防御費用のみの補償よりも損害賠償金と一緒に防御費用の補償を提供するほうが保険者と被保険者の利益が一致して望ましいともいえる。

　以上のように防御義務をめぐる当事者の利益相反の問題はあるものの、通常想定される場面で防御義務は有効に機能し当事者の利益相反問題も限定的であると思われる。とくに被保険者にとっては、自ら防御弁護士を探して選任することもなく、独立した防御弁護士を委任するよりも費用は安価で済むであろう。当然、防御費用が支払限度額の内枠払いになっていることが一般的なので、損害賠償金を負担せざるを得ないときのために防御費用を抑制することは重要であり、その点でも保険者が選任する防御弁護士の活用の優位点である。また被保険者が、ある特定の弁護士を EPL 訴訟の専門家で経験と実績のある人物であると評価し判断するのも容易ではない。その点、保険者は日々 EPL 訴訟に取り組んでいるわけで、容易に最適な弁護士を探し出すことができるわけであり、利益相反問題以上に防御義務の効用はあるのではないであろうか。ただし、いったん当事者間で利益相反が生じた場合には、途中でも防御弁護士を変える決断も必要な場面があるかもしれないことは念頭に置いておくべきであろう。

第 4 節　小　括

　以上のように EPL 訴訟の環境と EPL 保険の機能および防御義務の論点をみてきたが、EPL 保険を単なる賠償責任保険とみるのと、戦略的に全世界の人事労務管理の道具として実用的価値を見出すのでは、保険の捉え方は大きく異

なるであろう。とくに EPL 保険の防御義務を踏まえて、手堅い初動と早期和解を目指すのであれば、保険者や防御弁護士との協働は自社のリスク管理において強力な武器となるであろう。まったく異なる法制度や文化への対応を受身でやり過ごすことは難しい。

　また、多くの日本企業はすでに国際的な環境下で事業展開をしており、人的資源管理において異なる法制度、文化、慣習などを踏まえた対応が必要になっている。この点、事業展開しているすべての国に対して、親会社からのリスク管理には限界があるわけであるが、EPL 保険を活用することによって、現地のリスク管理を支援することは可能になる。あるいは、日本における親会社としても、人材の多様化やダイバーシティによるイノベーションの達成を考えた場合に、斬新な人的資源管理で積極的な経営が必要になる。それをサポートする意味でも EPL 保険の役割は見出せるのではないだろうか。

　以上のように全世界の職場環境は変容しており、世界的な人材配置や人事交流が模索されている時代に、各企業は海外の事情を理解するとともに EPL 保険の実用的価値を見出し、上手く活用していくことが求められているのではないだろうか。さらなる保険約款の検証や防御義務の機能的な利用方法は深化させるべき課題ではないかと思われる。

第 5 章
専門業務賠償責任保険の新たな展開

第 1 節　序　説

　専門業務賠償責任保険は、Professional Liability Insurance や Professional
Indemnity Insurance、あるいは Errors and Omissions Insurance などと呼ば
れている保険である。ただし、それぞれ異なる詳細な定義をすることに意味が
あるとは思えない。また、乱暴な整理かもしれないが実務的には同義語と考え
て差支えないといえる[1]。一般的にイギリスやオーストラリアでは、
Professional Indemnity Insurance の語が多用される傾向があり[2]、アメリカ
では、Professional Liability Insurance や Errors and Omissions Insurance が
使用されることが多い。アメリカのあるテキストでは標準的・定型的な約款を
使うものが Professional Liability Insurance で、多様な危険に対応した約款を
使うものは Errors and Omissions Insurance であると解説するものもあるよ
うである[3]。しかし、区別することにそれほど深い意義があるとは思われない。
　それよりも、この保険の特徴とするところは、いわゆる対人事故、対物事故
のような物理的にみえる損害を補償する施設賠償責任保険、生産物賠償責任保
険あるいは請負業者賠償責任保険などとは異なり、物理的損害のない純粋経済

---

[1]　W.I.B. Enright & Digby C. Jess, Professional Indemnity Insurance Law 78-79 (2d ed. 2007) にお
いて、indemnity insurance には、fist party と third party の二種類あるという。"indemnity" の
語は第三者からの賠償請求のみではなく、第三者からの請求の存在がない場合も補償を提供するこ
とがあり得るとする。first party としての火災保険等を想定していると思われる。また、田中英夫
編集代表『英米法辞典』437 頁（東京大学出版、1991 年）では、indemnity insurance が先履行型
責任保険と説明されている。

[2]　イギリスやオーストラリアで Professional Indemnity Insurance という用語が使われるものの、
実際に提供されている保険は先履行型責任保険ではなく、被保険者「に代わって（on behalf of）」
という文言の責任負担型になっている。

[3]　日産火災海上保険株式会社編『賠償責任保険の理論と実務』215 頁（海文堂、1978 年）。

損害（pure economic loss）に対して補償を提供することにある。わが国において ほとんど普及しておらず一部の国家資格である弁護士、司法書士、税理士、 公認会計士等の士業の分野で伝統的な専門業務賠償責任保険は存在するものの、 それ以外の分野ではあまりみられることがない特殊な保険といえよう。

　ところが昨今、経済の国際化に伴いこの保険の必要性が注目されており、今 ここで議論をしておくことは有意義であると思われる。そして、再検討を促す 社会環境が二点ある。一点目は、日本企業が海外企業とサービスの提供契約を 締結する場合に、この専門業務賠償責任保険（以下「PI 保険」）の付保が要求 されることが増えてきている状況がある。二点目は、わが国において契約の相 手方に対して契約責任や不法行為責任を厳格に追及していこうという土壌がで きつつあることである。このような背景から今までほとんど注目されておらず、 それこそ保険業界の一部の専門家あるいは専門職のみが取扱う特殊な保険とい うイメージのこの保険の輪郭をはっきりとさせておくことは、今後、純粋経済 損害を補償するあらゆる保険の発展に寄与すると思われ本章において検討する ことにした。ただし、本章においては金融機関に提供される金融機関専門業務 賠償責任保険、すなわち FIPI 保険については次章にゆずり、一般事業会社と くに製造業以外を対象とした PI 保険を主たる検討対象とすることにする。

第 2 節　PI 保険の構造と純粋経済損害

1　PI 保険の限定的な展開から拡張へ

　わが国において PI 保険は、1960 年代以降に専門職業人向け賠償責任保険あ るいは専門家責任保険というくくりで発展してきたと思われる[4]。おそらく、 Professional Indemnity Insurance の Professional を名詞としての専門家ある いは高度職業人として捉えたからではなかろうか[5]。また、1970 年代には専門 家の定義も試みられている。その専門家あるいは専門職（profession）の要件

4　日産火災・前掲注 3）185 頁。

5　東京海上火災保険株式会社編『損害保険実務講座第 7 巻新種保険（上）』356 頁（有斐閣、1989 年）。

は次の五要素とされる [6]。

1）業務についての一般原理が確立しており、この理論的知識に基づいた技術を修得するのに長期間の高度な教育・訓練が必要であること

2）免許資格制があること

3）業務団体の存在と自律性があること

4）営利性が排除されていること

5）他者の圧力から独立性が保持されていること

　これであれば、かなり限られた職種のみが専門家として定義されるので必然的に PI 保険で想定される被保険者の対象も限定されることになる。そのため、後にわが国で開発された保険商品は、医師賠償責任保険、弁護士賠償責任保険、公認会計士賠償責任保険、建築家賠償責任保険、税理士賠償責任保険など、国家資格を伴うような高度な職業に限定された発展を遂げている。一方で任意加入の保険においてこのような狭い専門家の定義を超え、保険契約者と保険者の自由な合意を基に保険契約の内容・条件等を柔軟に決めていくことに問題はないという見方はあった [7]。また、アメリカ、カナダ、オーストラリアあるいは一部のヨーロッパ諸国では、様々な職業に対して保険が提供されており、専門家あるいは高度職業人に限定されるよりも業務の内容に焦点を当てた引受が行われているように思われる。たとえば、競売人、広告代理店、印刷業者、出版社、倉庫業者、コールセンター、人材派遣会社、データ処理業者、翻訳業者など、多種多様な職種が PI 保険の対象として扱われている [8]。

　もし、わが国でも専門家あるいは国家資格等にこだわらず、業務の性質や業務フローからリスクを捉えてアプローチしていれば、もっと様々な職種に対して保険を提供できていたのかもしれない。それを裏付けるようにあまり伝統的

6　西島梅治「プロフェッショナル・ライアビリティ・インシュアランスの基本問題」石田満＝宮原守男編『現代損害賠償法講座8』148-154頁（日本評論社、1973年）。

7　弥永真生「専門家責任と責任保険」山田卓生ほか編『新・現代損害賠償法講座第3巻製造物責任・専門家責任』377頁（日本評論社、1997年）。

8　A A Gregory et al., Professional Indemnity Insurance 161-176 (2001). 石田満＝藤井一道「専門家賠償責任保険概観」山川一陽＝根田正樹『専門家責任の理論と実際—法律・会計専門家の責任と保険』272-277頁（新日本法規出版、1994年）。

な専門家・専門職の概念にこだわり、保険の対象となる職種を限定的に解する
必要はなく、現代社会の高度な分業化・多様化の中でより広い分野で保険を構
成していくべきという提言もあった[9]。しかし、業務によって、そのリスクの
特性は様々であり保険を提供するにしても当該業務の複雑な内容や特殊性を理
解していない限り保険組成が難しく、大量販売には向かない状況が続いていた
と思われる。よって、今後は専門家というくくりを捨て業務に絞ったアプロー
チをしない限りこの保険の発展はないと思われる。また、そのような背景に鑑
みると「専門業務賠償責任保険」という「業務」を強調した呼称を使う方がこ
の保険の発展には望ましいといえる[10]。

　一方で前述のとおり、この保険を大量販売向けに仕立てるのは非常に難しく、
引受技術の熟練にも、かなりの時間を要すると思われる。たとえば、生産物賠
償責任保険（以下「PL保険」）であれば商品の特性や製造工程、想定される顧
客属性、事故防止対策あるいは警告表示などを分析・評価することによって引
受が可能となる。これらの情報は、顧客企業も自社の品質管理の過程で長年蓄
積されたデータとして保持していることも多く、保険者も顧客企業との協働の
中で引受審査をすることが可能である[11]。それと比較すると、PI保険はPL保
険と比べ、リスクをイメージすることが難しい[12]。リスクがより潜在的であり、
業務の種類によってもそのリスクの出現の仕方が異なるであろう。また、そも

9　落合誠一「専門家責任保険」専門家責任研究会編『専門家の民事責任』別冊NBL28号119頁
　（1994年）。

10　Professionalは、名詞として「専門家」や「職業人」と訳せるが、形容詞として、「職業に関す
　る」、あるいは、「職業上の」とも訳せるので、専門業務賠償責任保険という呼び方に誤りはないと
　思われる。また、職業に貴賎もなく、あらゆる職業にはその分野の専門性が必要なわけで、そうい
　う意味においてここでいう「専門」は専門家を連想させるべきではなく、業務の専門性・特殊性を
　連想するのがよいと思われる。さらに、本保険を業務過誤賠償責任保険と呼ぶこともあるが、その
　点「専門」という語をとった方が保険の普及には良いのかもしれない。

11　本間靖敏「生産物責任保険の契約実務上の諸問題」保険学雑誌489号74-77頁のように、1970～
　80年代においては、保険者によるマーケティングも消極的で、損害率も悪く、リザルト改善を縮
　小均衡で実現しようとすることに対する批判もみられる。

12　本間靖敏『アメリカにおける賠償責任保険』145-146頁（損害保険企画、1978年）によると、専
　門業務賠償責任保険の運営は難しく保険集団が限定されるので、時代が責任追及を厳しくするので
　あればそれに伴いリザルトはすぐ悪化するという指摘があり、アメリカにおいても概して損害率が
　悪いという。

そもそものような法的リスクは存在しないと言い切る人もいるであろうし、現実には言い掛かりや消費者クレームのような不満の表明であり、損害賠償請求にまで至らない事例がほとんどであるという見方もあるであろう。そして、実際に PI 保険の対象となるような損害賠償請求に発展するときの法的根拠が情報提供義務違反による損害賠償、不適切な助言による損害賠償、納期遅れによる損害賠償、適切な作業を怠ったことによる損害賠償、名誉毀損による損害賠償、著作権侵害による損害賠償、プライバシー侵害による損害賠償など、比較的損害を立証することが難しい部類に属する事例であることが多く、なおさら PI 保険の普及を困難なものにしていると思われる。ただし昨今、日本企業と海外企業との取引が増えていることに伴い契約内容に PI 保険の購入が条件として含まれていることが多くなり、この保険の必要性も徐々に高まりをみせているところである。

　さらに、PI 保険も他の保険と同じように徐々に補償範囲を広げてきている。それは普通保険約款で拡張補償が提供されていたり特約によって提供されていたりする。おそらく、保険者として業種によっては積極的に補償を拡張してよいと思う分野もあれば、補償の拡張を差し控えたいと考える分野もあろう。

　そして PI 保険において提供されている最近の補償には人格権侵害（personal rights infringement）もある。人格権侵害のうちもっとも歴史が古いのが名誉毀損（defamation）であるといわれるが、他人の名誉を毀損した場合、民法709 条、710 条によって不法行為責任が問われることになる。昨今、サービスの提供はインターネットで行われることも多く、サービス提供の過程で、様々なコメントがインターネットの掲示板などに掲載されることがある。インターネット上ではコメントや議論が白熱し閲覧者も制限されないので、いったん否定的な影響が出ると際限なく悪影響が拡大してしまう [13]。そのような状況において、名誉毀損された原告は、①権利侵害（社会的評価の低下）、②因果関係の

13　高橋和之「インターネットと表現の自由」ジュリスト 1117 号 31-32 頁（1997 年）は、被害者は実際の書き込みした個人より資力のあるプロバイダを訴える可能性を指摘する。そして、プロバイダにより厳格な責任を負わせるとしても、電気通信事業法 3 条にける検閲の禁止や 4 条における通信の秘密の保護の問題と絡み簡単ではないという。

存在、③故意・過失の存在を証明することになる。これに対して、最高裁は、被告が①公共の利害に関する事実に係ること、②もっぱら公益を図る目的であったこと、③真実であること、あるいは真実であると信ずるについて相当の理由があったことを証明しなければ責任を免除されないとする [14]。この問題が微妙であるのは、憲法21条1項で保障されている表現の自由との関係性である。最高裁は、憲法 21 条が言論の自由を無制限に保障しているのではなく、他人の名誉を毀損することは言論の自由の濫用であることを述べている [15]。そして、多くの学説も最高裁と同様に、公共の利害に関する事実についてもっぱら公益を図る目的で真実を表現したか、真実と信ずる相当の理由が存在する場合に責任を否定することで、憲法の表現の自由は確保されていると考えているようであるが、そのような責任の免除で、なぜ、表現の自由が確保されているのか、その根拠は明確ではなく [16]、説得力のある根拠が見出せていない。

　したがって、表現の自由が保障されているからといって、あらゆる表現が許されるわけではなく、やはり他人の人格権を侵害するような表現は許されない。しかし、どんなに注意を払っても、前後の文脈で表現された些細な言葉が他人の名誉毀損に発展してしまうことがある。そのような場合に有用なのが PI 保険の人格権侵害補償である。損害賠償請求訴訟はもちろんのこと、差止請求訴訟も損害賠償請求の定義に含まれているので、金銭賠償以外の救済手段が適用された場合にも有効である。

　また、アメリカで多くのマス・メディアが名誉毀損訴訟を恐れて保険に加入せざるを得なくなり保険料も高騰している状況で、名誉毀損に対して過敏になるあまり適切な報道すらできない心配もあるようである [17]。この点、わが国でも放送局や新聞社、出版社における PI 保険の潜在的需要は大きいものがあろう。そもそも人が他人に対してどのような評価をしようともそれはその人の自由であり、情報が真実であれば名誉毀損は成立しないはずである。ところが、

14　最高裁判昭和 41 年 6 月 23 日民集 20 巻 5 号 1118 頁。
15　最高裁大判昭和 31 年 7 月 4 日民集 10 巻 7 号 785 頁。
16　松井茂記『「マス・メディア」と法入門』122 頁（弘文堂、1998 年）。
17　松井・前掲注 16　151-152 頁。

現在のわが国の判例理論では、真実であっても公共の利害に関する事実について、公益を図る目的で表現された場合しか免責されない[18]。そう考えると、真実を報道するマス・メディアとしては行動規範を守っているつもりでも、名誉毀損訴訟に巻き込まれるリスクがあるということになる。マス・メディアは権利侵害に対する予見が難しい事業ということになろう。

　さらに、人格権侵害の補償の中でプライバシー侵害に関する補償も提供されることがある[19]。基本的に文書管理に係るリスクを想定しており、書面により保管されている機密情報が漏えいし、権利者から損害賠償請求された場合に補償が提供される。そして映画製作会社、放送局、出版社などに対してはより広いプライバシー侵害に対する特別の補償が提供されることがある。プライバシーの権利侵害訴訟では名誉毀損の場合と異なり情報が真実であっても責任は免除されない。有名な宴のあと事件[20]があるが、私人がその私生活において他人から干渉されず、私的なできごとに関して本人の承諾なしに公表されることはプライバシーの侵害に当たるとされている。具体的には、①私生活上の事実、または私生活上の事実らしく受け止められるおそれのある事柄であり、②一般人の感受性を基準にして当該私人の立場に立った場合に公開を欲しないと認められること、③一般の人が未だ知られていないことがプライバシー侵害の成立要件とされている。このような判決を背景に、私人が公の場で撮影する限りにおいてプライバシーの問題はないとされていたにも関わらず、ニュース番組が街角の風景を映す際に、プライバシーに配慮される場合が増えている[21]。一般人の感情を基準に公開されたくないと思うか思わないかの判断は主観的にならざるを得ず、報道機関として一応の対策として採用されるようになったと思われる。

18　松井・前掲注 *16*　152-153 頁。
19　第三者からのサイバー攻撃によって自らに損害が生じたり、顧客から損害賠償請求されたりした場合のリスクには、サイバー保険（Cyber Insurance）がある。わが国では類似の保険として個人情報漏えい保険が普及しているが、PI 保険と別に補償の広いサイバー保険を手配する必要がある。
20　東京地判昭和 39 年 9 月 28 日判時 385 号 12 頁。三島由紀夫の小説のモデルになった人物の私的な事柄の記述がプライバシー侵害に当たるとされた訴訟。
21　小向太郎『情報法入門〔第 4 版〕デジタル・ネットワークの法律』159 頁（NTT 出版、2018 年）。

いずれにしても、映画製作会社[22]、放送局、出版社などは、プライバシー侵害リスクに対しては敏感になる必要があり、適切な対策を講じておくことがリスク管理上重要で、PI 保険の検討も合わせて行うべきであろう。

② 純粋経済損害に対する救済の展開

PI 保険で補償が提供される具体的な想定事例は、筆者の知る限り次のような事案がある。

スーパーが印刷会社に売り出し用のチラシの印刷を依頼するが、印刷会社が納期に間に合わせることができなかったので印刷会社が賠償請求された。自動車部品会社がコンサルティング会社に人事戦略や予算管理の助言を依頼しその助言のとおり実行するものの、かえって利益率が悪化したためにコンサルティング会社が賠償請求された。人材派遣会社が特定の人材を派遣するが、過去に従事した同様の業務に関し能力不十分であったという履歴があり派遣先の会社に損害を与えて人材派遣会社が賠償請求された。あるいは専門商社のインターネット広告でキャンペーンを展開するものの、真実とは程遠い表現で競合他社が評判を落とされたとして専門商社が賠償請求される。映像ソフトメーカーがＤＶＤの販売を意図してパッケージの広告を変更するものの、映画シナリオ作家がロゴを不正使用されたということで著作権侵害を理由に映像ソフトメーカーが賠償請求されたなどの事例も存在する。

以上の事例の中には、このようなことで損害賠償請求に発展するものかと、思われる内容も存在するが、その感覚はあながち誤りではない。すなわち、これらの役務を提供する業者は、「手段債務」を負っているだけで、「結果債務」までは負っていないからである。業務の提供に起因する責任の法的根拠は一義的には契約責任であり、請負契約以外であれば、その業務は特定の結果の達成を義務付ける結果債務ではなく、目標に向けて最善の業務を提供する手段債務となる[23]。ゆえに、結果が上手くいかないからといってその商品やサービスを

22　山中伸一「マルチメディアと映画」著作権研究 21 号 47-49 頁（1994 年）によると、映画製作契約の段階で映画製作会社の方が、映画監督、美術監督、撮影監督といった著作者よりも立場が強いという。また、俳優などの実演家の権利も十分保護されておらず、今後、映画の著作者や実演家の利益をより保護する方法が模索されるべきと提言する。

提供した業者にその責任を押し付けることに対する違和感は法的にも根拠が見出せるわけである。

　そして、PI保険の難しさの一因は、補償対象となる純粋経済損害の理解の困難さにある。それでは、その純粋経済損害とはなんなのか。そもそも英米法のネグリジェンス（negligence）[24]の法理においては、歴史的に物理的損害のみを対象としてきており、純粋経済損害に対して法は救済の対象としてこなかった[25]。ネグリジェンスの法の保護を狭く限定する政策的理由は、ある行為の結果として生ずる他人の経済的利益に対する影響は際限がなく、加害行為者の責任が拡大しすぎることにある。そのため、法は特別の事情がない限り純粋経済損害を一律に法の保護の外におくことにしてきたのである[26]。そして、その理論的支柱は、イギリスにおける「隣人理論（neighbor principle）」[27]といわれている。すなわち、イギリス法において際限なく責任を負わせないために何かしら歯止めが必要なわけで、人はその隣人に損害を与えるであろうと合理的に予見し得る作為または不作為をしないよう合理的な注意を払わなければならないとする。その隣人とは、「その行為により影響を受けるものとして、そのことを私の考慮の中に置くことが合理的であるほどに、近接的かつ直接的に私の行為の影響を受けるものが私の隣人である」という貴族院の判例[28]があった。すなわち、予見もできないような純粋経済損害に対して法的救済を与えるには、原因行為から遠すぎる（too remote）ということなのである。

23　下森定「日本における「専門家の契約責任」」川井健編『専門家の責任』20頁（日本評論社、1993年）。

24　木下毅『アメリカ私法－日米比較私法序説』64-91頁（有斐閣、1988年）によると、過失責任的不法行為といわれ、故意責任的不法行為と厳格責任的不法行為の中間に位置付けられる。純粋経済損害に関してもネグリジェンスが成立するためには、歴史的に身体ないしは財物に損害が生じることが必要とされていたようで、当事者間に特別な関係がない限り責任は否定されてきたという。

25　田井義信『イギリス損害賠償法の理論』183-222頁（有信堂、1995年）。

26　望月礼次郎『英米法〔改定第二版〕』164-165頁（青林書院、1981年）。

27　吉本篤人「「純粋経済損害」に関する学説の検討―イギリス法における議論を中心に―」法律論叢83巻1号271頁（2010年）によると、アメリカにおいては「水門理論（floodgate argument）」といわれ、不法行為責任に制限がないと加害者の責任が無限定となるので不合理であるということがいわれている。水門を開けてしまうと際限なく水が流れ出すので、水門を閉めておく必要があるわけである。

28　Donoghue v. Stevenson（1932）A. C. 562.

　ネグリジェンスの責任を類型化すると、損害惹起の形態として行為によるものと言葉によるものに分類でき、損害の種類としては物理的損害と経済的損害に分類できる[29]。そして、この言葉による行為が原因で経済的損害が発生した場合の救済に関しては、イギリスやアメリカの判例法の積み重なりにおいて、とくに情報提供義務違反の分野で変化がはじまる。たとえば、原告の広告代理店が自社の取引銀行を通じて取引先の銀行に当該取引先の信用照会をするものの、その情報が誤っていたためにその取引先が破綻して債権回収できずに損害を被った事件[30]がある。結果的に銀行の責任は否定されているが裁判官達の議論の中で、過失不実表示の場合に物理的損害と経済的損害を区別するのはナンセンスであり、原告と被告の間に特別の関係があれば注意義務を生ぜしめるとする。

　また、類似の事案で被告の保険会社が原告の契約者に、ある会社の財務状況に関する情報を無償で提供するが、原告がそれを信じて投資して損失を被った事件[31]がある。この事件における裁判官の多数意見は、保険会社が助言を与えることを業としていないし、助言に必要な専門性があることも明示していなかったので義務違反はないとするものの、少数意見は助言が業務活動中に行われているので注意義務を負うべきであるとしている。

　さらに、アメリカにおいても純粋経済損害の救済におけるネグリジェンスの責任は、当事者間に直接の契約関係（privity of contract）がなければ認められない傾向にあったが、契約関係に固執することなく責任を認める方向の州もある[32]。裁判例で被告の測量士が不正確な測量をしたために、原告がその土地の上に建てた車庫を移設しなければならなくなった費用の損害を賠償請求した事件[33]がある。原告と被告の間には直接の契約関係はなかったが不法行為訴訟

---

[29]　松本恒雄「英米法における情報提供者の責任（一）－不実表示法理を中心として－」法学論叢100 巻 3 号 53 頁（1976 年）。

[30]　Hedley Byrne & Co., Ltd. v. Heller & Partners, Ltd. (1964) A. C. 465.

[31]　Mutual Life & Citizens' Assurance Co., Ltd. v. Evatt. (1971) A. C. 793.

[32]　岡孝「情報提供者の民事責任（二）―特に直接の情報受領者以外の第三者に対する責任―」法学志林 78 巻 4 号 74-89 頁（1981 年）。

[33]　Rozny v. Marnul 43 Ill. 2d 54, 250 N. E. 2d 656 (1969).

は可能であるとされた。また、被告の不動産の権原調査人（abstracter）が、誤った権原要約書（abstract）を作成したために、原告土地購入者が損害を被ったということで損害賠償請求して責任が認められた事件[34]がある。本件は、権原調査人と土地購入者には直接の契約関係はなかったが、契約関係の要件を認めず権原調査人が土地購入者の存在を予見し得る第三者であったということで不法行為責任を認めている。

　以上のように、イギリスでもアメリカでも純粋経済損害への救済は限定的であったが、とくに情報提供義務違反の分野で情報提供者側に責任を認める傾向がある。ネグリジェンスの法理を中心に展開した議論は、今後、わが国においても深化し契約責任および不法行為責任の双方の視点からさらに整理される必要があるであろう。そして、この比較的新しい純粋経済損害という不確実性の高いリスクに対応する PI 保険は、今後その存在意義を示せるものと思われる。

③ 請求の定義と請求事故方式およびその盲点

　PI 保険は、保険契約者あるいは被保険者が保険証券上で定義された損害を被った場合に、保険料を保険者に支払うことの見返りに保険者が補償を提供する（indemnify）保険契約とされる[35]。そして PI 保険のほとんどの契約は請求事故方式（claims made basis）が採用されている。一方、事故発生方式（occurrence basis）の保険は衝突事故や火災事故のように事故が認識しやすい損害に対して利用される。なぜなら、保険者は比較的短い期間で自社が保険金支払事由にさらされたことを理解できるからである。ただし、保険期間終了後にしばらくしてから全体のリスクが判明するような種類の保険の場合、事故発生方式では十分対応できない。保険者は被保険者の法的責任が厳格化されるような法律の改正あるいは科学技術の進化を予想しなければならず、しばしば将来の不確実性などを考慮した保険料設定をしなければならないことになる[36]。このような損害賠償請求の特性から PI 保険の場合に請求事故方式が採用されることになる。

---

[34]　Williams v. Polgar 391 Mich. 6, 215 N. W. 2d 149（1974）, aff' g 43 Mich. App. 95, 204 N. W. 2d 57（1972）.

[35]　Enright & Jess, *supra* note 1, at 3.

[36]　Mark Cannon & Brendan McGurk, Professional Indemnity Insurance 16-17（2010）.

　請求事故方式は、保険期間中に賠償請求がなされることが必要である。保険期間の前の事実に基づいて保険期間内に賠償請求されれば補償が得られる。一方、保険期間内の事実に基づいて保険期間終了後に賠償請求されても補償は得られない。かつて、この方式であると保険事故がいつなされたか時期を決することに困難があることの指摘もされたことがあった[37]。保険事故の成否が第三者の請求意思に左右されるため、保険期間内の事故かどうかの判断に客観性がないことや駆け込み契約を排除しにくいことが指摘された。さらには、保険者が事故の発生や事故のおそれを知り、賠償請求をされないことをよいことに保険契約を解約したり継続を拒否したりした場合には補償を失うことが指摘されていた[38]。

　それらを回避するため約款においては、一般的に初年度保険契約開始日（prior and pending）の前になされた賠償請求や係争中の訴訟は免責とされている。また、事故のおそれを認識していた場合（known circumstance）も免責とされるのが一般的である[39]。さらに、契約締結前には告知義務によって認識している事故や事故のおそれは、保険者に通知することが要求され、もしそのような事案があればそれらを事前に免責とすることで駆け込み契約の排除も可能になっている。そして、保険契約が解約されたり継続されなかったりした場合、その後に賠償請求されることに備えて延長通知期間（extended reporting period）という制度が設けられることがある。その場合、保険期間内の事実に関して保険期間終了後に賠償請求されたとしても、延長通知期間内であれば保険者は保険金を支払うことになる。ここで注意すべきは、保険期間が延長されているわけではなく事故通知の受付期間が延長されているだけなので、延長通知期間内に発生した事実に基づいて延長通知期間内に事故通知されたものについて補償を得られるわけではないということである。

　そして、どの保険期間のどの保険証券で保険金支払をするのかを決めるのは

37　西島梅治『保険法〔新版〕』276 頁（悠々社、1991 年）。
38　安田総合研究所『製造物責任 国際化する企業の課題〔第 2 版〕』258 頁〔栗山泰史〕（有斐閣、1991 年）。
39　Enright & Jess, *supra* note 1, at 556.

非常に重要なプロセスになるわけである。一般的には請求（claim）の定義として金銭的損害賠償、非金銭的損害賠償などを求める書面による要求、民事手続き、正式調査などとあるが、もっともあり得る形態は書面による損害賠償請求であろう。

　請求事故方式における請求時期の確定に関して被保険者にとって十分注意しなければならない盲点がある。たとえば、2020年の保険期間において賠償請求されるおそれが合理的にあった場合、保険者に報告して2020年保険証券で事故対応してもらう必要がある。しかし、それを怠り2021年に保険者を変更して、その後に賠償請求に関する書面が届いた場合はどうなるであろうか。2021年から引き受けた保険者は、前述の事故のおそれを認識していた保険事故は免責であるという条項をもって保険金支払を断るかもしれない。あるいはそもそも告知義務違反で保険金支払を断るかもしれない。一方で、2020年に引き受けていた保険者も、自社の保険期間が終了しているので保険金支払を拒むことができる場合もあろう。前述の延長通知期間は、あくまでも保険契約が解除された場合、あるいは保険契約が継続されなかった場合[40]に被保険者に事故通知をする権利を与えているので、上記設例の場合においては保険者を切替えたケースで適用にならない。とくに昨今は保険料削減を目的に競争入札による保険者の切替えが行われることがある。しかし、保険は時間軸でリスク移転をしているという本質に鑑みると、安易な保険者切替えは保険契約者・被保険者の利益にならないことが強調されなければならない。たとえば、ある保険者に10年間で毎年500万円の保険料を支払ってきた保険契約者がいるとする。合計すると5,000万円もの保険料を当該保険者に積み立ててきたわけである。ここで、事故が発生し1,000万円の防御費用が保険金で支払われたとしても、この保険者にとっては過去10年間の損害率は20％である。しかし、競争入札により400万円でこの保険契約を奪取した新たな保険者で同じ事故が発生する

---

[40]　あり得る事例としては、保険事故の多発あるいは大きな事故やスキャンダルが発覚して、これ以上保険者が保険引受を継続することが困難と判断した場合に継続の拒否がなされることがあると思われる。一方、解除のケースは悪質な告知義務違反のような、信頼関係が破壊された場合でなければ生じないのであまり想定はできないかもしれない。

と、新たな保険者の損害率はいきなり250％になる。当然、保険者の保険契約者に対する見方も事故処理の対応も変わってくるわけで、実務の現場でこのような保険の特性まで説明できているかは疑問である[41]。

第3節　PI 保険の純粋経済損害に対する補償

1 純粋経済損害における損害の範囲

PI 保険が想定している損害には被保険者が提供した助言やサービスに起因して発生した純粋経済損害（pure economic loss）、人身傷害（personal injury）、財物損害（property damage）がある[42]。前述のとおり、PI 保険は純粋経済損害を補償する保険と強調したが、とくに医師賠償責任保険や建築家賠償責任保険では対人・対物事故も補償範囲となる[43]。

PI 保険は、被保険者が保険証券において定義された損害賠償請求に基づき、第三者に対して法的責任[44]を負うことによって被る防御費用および損害賠償金を支払う保険である[45]。具体的に損害に含まれるものとして、裁判所が認めた賠償金、紛争仲裁機関による補償支払命令、保険者が同意した和解金、原告の費用、そして防御費用などがある。一方、損害に含まれないものとして、業務の修正・完遂、または再提供費用、約定損害賠償金（liquidated damages）、

---

[41] それこそ、保険仲介者の専門家責任という視点から考えると、このような保険の特性や本質を保険契約者に説明する責任があると思われる。安易な競争入札による保険料の削減は、短期的には顧客の利益になっているようにみえるが、保険契約後にいつ発生するかわからない保険事故を補償する保険契約の性質に鑑みると、保険者の変更が過去から積み上げてきた保険料をゼロ・リセットすることを承知してもらったうえで、顧客企業内で決裁承認してもらう必要があると考える。

[42] Enright & Jess, *supra* note 1, at 528.

[43] それ以外の専門業務でも当該業務に起因する対人・対物事故は、復活担保されていることもあるので、一概に純粋経済損害を補償することのみを強調するのは誤りといえる。さらに、サービス業に関しては、PI 保険に加入することにより、CGL 保険が不要なのか、という議論もあるが、企業としては PI 保険の業務の定義以外の仕事も行っているし、各種施設も利用しながら業務遂行しているので、当然 CGL 保険も加入することで包括的なリスク管理ができているといえる。

[44] 民事責任（civil liabilities）のみ補償するという約款と、法的に義務付けられた（legally obligated）あらゆる損害に対して補償するという約款がある。法的に義務付けられたという約款であれば、当局の調査のような民事以外の事案にも保険の支払要件を満たされることになる。しかし、刑事責任が確定した場合は免責のため、すでに支払われた保険金は回収されることになる。

[45] Cannon & McGurk, *supra* note 36, at 15.

罰金、過料、懲罰的損害賠償などがある。とくに、実際に事故が起きたときには、業務の修正や再提供費用が損害に含まれないことを理解していないと、補償範囲の理解に齟齬が生じトラブルになるので注意が必要である。たとえば、自社の誤りで一度作成した印刷物を再作成する費用、配送先を誤って送り再配送した費用、システム構築の段階で誤りがあり再構築した費用など、これらの費用は自社コストとして賄うべきものであり第三者からの賠償請求もないわけなので損害に含まれないものとして理解する必要がある。

　ここで純粋経済損害に関して検討を加えておく。この概念は、対人・対物事故から派生しない経済的な不利益のことであり、裁判所もそれほど積極的に認めてこなかった経緯がある[46]。ただし、前述のように情報開示義務違反の分野で認められるようになり、原告と被告の間に合理的に期待できる十分な関係性があり、被告の不注意が原告の損害を惹起したような場合は注意義務違反があったとみられるようになった。さらに裁判所は合理的な予見可能性のみではなく信頼（reliance）の要件や物理的・状況的な近因性（proximity）を要求して、損害がむやみに拡大しない配慮をしている[47]。

　そして、わが国においても契約責任の場合の損害については、逸失利益に対する救済が強調されることがある。たとえば、次のような分類が可能で、①積極的損害として既存の利益の滅失または減少があり、②消極的損害として将来の利益の獲得を妨げられたことによる損害がある[48]。ここで純粋経済損害においてよく例に挙げられるのが、後者の消極的損害であり逸失利益といわれるわけであるが、債務が期待されたとおり履行されていたならば債権者が得ていたであろう利益の喪失が逸失利益で、特別な事情による損害として予見可能性が要求されることであろう。また、その債務不履行がなければ果たしてどれだけの利益を得ることができたかという判断を相当因果関係の有無を前提に慎重に検討されることになる[49]。

---

[46]　Enright & Jess, *supra* note1, at 529.

[47]　*Id.* at 530.

[48]　於保不二雄『債権総論〔新版〕』136 頁（有斐閣、1972 年）。

[49]　我妻栄『新訂債権総論（民法講義Ⅳ）』118 頁（岩波書店、1964 年）。

　また、不法行為責任を基に責任追及する場合も債務不履行責任における民法
416 条を類推適用して相当因果関係のある損害のみを負担させることになり、
特別の事情による損害に関しても予見可能性のあるものだけを賠償させること
が妥当ということになる[50]が、損害の範囲を確定することが非常に難しい。
あるいは、「保護範囲」という用語を用いて損害賠償の範囲を決定するのは、
発生した損害をどこまで被告に負担させるのかという政策的な価値判断だ[51]
として、裁判官の自由裁量に委ねられることになるとすると、なおのこと損害
額の想定は困難であり不確実性はさらに高まることになる。

　このように、賠償されるべき逸失利益の範囲を定めるのは困難な作業である
ために、保険金支払実務においても様々な困難が予想されるところである。た
とえば、家電量販店の広告を印刷する印刷会社が、納期を守れなかったために
損害賠償請求を受けた場合を想定してみる。広告は、一つ 5 万円の食器洗い機
のセールに関するものであった。ただし、当該家電量販店の狙いは、その隣に
展示されていたひとつ 30 万円のビルトイン式食器洗い機を拡販することで
あった。このような場合に印刷会社がビルトイン式食器洗い機が売れなかった
ことによる逸失利益も賠償するということになるのであろうか。そうだとする
とあまりにも酷であろう。このように、逸失利益のような消極的損害賠償請求
に関して損害の範囲にかなりの不確実性が伴うといえる。裏を返すと、不確実
性の高いリスクには保険が有効に機能するわけであり、いわゆる、対人・対物
事故を伴う伝統的な損害賠償責任リスクよりも保険の必要性が高い分野ともい
えるのである。

② 契約責任構成と不法行為責任構成

　専門業務に起因する責任追及において、契約責任的構成と不法行為責任的構
成のどちらが望ましいかという議論がある。実際は裁判上の争いになると責任
追及方法が損害賠償請求になることが多く、この点、時効[52]を除くとどちら

[50]　加藤一郎『不法行為〔増補版〕』155-156 頁（有斐閣、1974 年）。
[51]　平井宜雄『損害賠償法の理論』449-455 頁（東京大学出版会、1971 年）。
[52]　債務不履行が権利を行使することができることを知ったときから 5 年、権利行使することができ
るときから 10 年（民法 166 条 1 項 1 号・2 号）、不法行為は被害者が損害及び加害者を知ったとき
から 3 年、ないしは不法行為のときから 20 年（民法 724 条 1 号・2 号）。

でも大差はないはずであるにもかかわらず不法行為責任による責任追及がなされることが多い。その理由として考えられるのが、現行の民法典が無形で物の引渡し以外を目的とする、なす債務 [53] の不完全履行責任に対してはきわめて不備であり、そのために不法行為責任による責任追及がなされているといわれる [54]。そして、仕事の結果が有形であることの多い請負については瑕疵担保責任制度があるが、無形のサービスの提供については法の不備であるとされる [55]。ただし、委任契約の場合で受任者が不完全な履行をした場合は追完請求ができる点、また委任事務内容や事務処理が不完全な場合の損害賠償請求に関しても受任者の故意・過失の立証責任を要しない点で契約責任的構成が優れているとする [56]。一方で、ここにおける追完請求が PI 保険における再作成費用等の補償対象外に該当することがあるので保険での救済は難しいケースがあることに注意が必要である。

　そして、契約法による責任追及に関して障害となる重要な点に免責特約や責任制限特約の存在がある。すなわち、契約書に事業者側の責任が免除されたり制限されたりする内容が挿入されている場合、契約責任の追及による被害者の救済が十分に得られない場合があり、その点、イギリスなどでは不法行為責任による責任追及の利点があるとされている [57]。また、不法行為責任を追及する理由として契約締結前の情報提供義務違反が問題となる場合には、不法行為責任を追及する方が確実であり遅延損害金その他不法行為の方が有利な場合があると考えられている [58]。そしてドイツでは、いわゆる契約締結上の過失 [59] の法理で純粋経済損害の救済が図られてきたところであり、英米法では原則不実

---

[53]　いわゆる、与える債務として、特定物・不特定物の給付を内容とする債務ではなく、債務者の行為を内容とする債務のこと。

[54]　下森定「専門家の民事責任の法的構成と証明」別冊 NBL28 号 101 頁（1994 年）。

[55]　下森・前掲注 54　103 頁。

[56]　下森・前掲注 54　104 頁。

[57]　能見善久「専門家の責任—その理論的枠組みの提案」別冊 NBL28 号 5 頁（1994 年）。

[58]　鎌田薫「わが国における専門家責任の実情」別冊 NBL28 号 65 頁（1994 年）。

[59]　松坂佐一『民法提要 債権各論〔第 5 版〕』35-36 頁（有斐閣、1993 年）によると、契約の当事者は契約締結のための協議をした瞬間から信頼関係にたつに至り、契約の締結という共同目的に向かって協力すべき関係にある。そして、信義誠実の原則を根拠に相手方を保護する義務を負うことになり、この保護義務違反に対する責任が契約締結上の過失にほかならないとする。

表示を根拠とする救済が認められてきたことに比較し、わが国の不法行為法は柔軟で被害者の救済は不法行為の法理で図られてきているといわれている[60]。また、契約締結前の指導・助言の結果、損害が発生していながら、結局、契約締結まで至らなかった場合は、そもそも契約責任を問えなくなるので不法行為責任の存在意義は大きい[61]。さらに、契約関係にない第三者に損害が拡大した場合は不法行為責任による救済しか道は残されていない。

　PI 保険の関係で整理すると、事業者が契約において免責特約や責任制限特約を挿入していることは適切にリスク管理を実施していると評価できる一方で、不法行為責任を追及された場合は契約による効果が発揮されず事業者の過失が立証されると責任を負わなければならない。さらに、契約関係にない第三者からの二次的な賠償請求（secondary claims）に対しても契約による責任制限は意味をなさないので、やはり PI 保険が事業者のリスク管理の一翼を担う場面が存在することになる。

③ 情報提供義務違反による事業者責任

　情報提供義務違反、説明義務違反[62]、助言義務違反[63]、適合性原則違反[64]など、昨今、事業者側の責任追及の法理が多様化している。ここでは、それぞれの違いについて論じる余裕はないので情報提供義務違反の用語を用いるが、役務を提供する事業者とその役務を買う顧客間の情報の非対称性を根拠にこれ

---

[60]　円谷峻「専門家の不法行為責任」川井健＝塩崎勤編『新・裁判実務大系専門家責任訴訟法』34-35 頁（青林書院、2004 年）。

[61]　円谷峻「日本法における「専門家の不法行為責任」」川井健編『専門家の責任』63 頁（日本評論社、1993 年）。

[62]　宮下修一『消費者保護と私法理論―商品先物取引とフランチャイズ契約を素材として』90-91 頁（信山社、2003 年）によると、厳密には説明義務と情報提供義務は異なる概念であるとする。説明義務は事実の伝達がなされたか否かの作為の問題で、情報提供義務は事実の伝達がなされなかったか否かという不作為の問題。いずれにしても両者が重なり合う部分があるとのこと。

[63]　馬場圭太「フランス法における情報提供義務理論の生成と展開（一）」早稲田法学 73 巻 2 号62-63 頁（1997 年）によると、歴史的にフランスの助言義務の法理は進んでおり、わが国が参考とすべき部分が多いとする。一方、冨田陽子『判例から学ぶ金融商品販売と訴訟リスク対策』151 頁（きんざい、2013 年）によると、わが国においては金融商品販売の分野で一部の裁判官によって助言義務が言及されて以降、被告側から主張されることも多くなったが、その具体的内容に係る議論は発展途上であるとする。

[64]　適合性原則は金融商品取引の分野で登場することが多く、典型的な事例は、安全な投資を望んでいる高齢者に高額でリスクの高い複雑な金融商品を販売してはいけない、というものである。

らの義務違反は論じられている。とくに、顧客側が一般消費者個人の場合はより強く顧客保護が要請され、また顧客が立場上対等な事業者の場合にもやはり情報の非対称性を根拠に知識や能力の不均衡を是正する装置として、情報提供義務違反の理論が展開されている。その論拠として事業者はある取引を繰り返し大量に行い、情報やノウハウを蓄積することが可能で圧倒的な専門性を持って契約交渉にあたることができるため、当然、顧客との能力および情報格差は明らかであるからとされる[65]。そして、顧客は一般的にこのような事業者の専門性や知識・情報に頼らざるを得ない状況にあり、事業者はそのような信頼に応えるために説明義務を負うとされている[66]。さらに、契約交渉時における情報力の格差を無くすることで、本当の意味での契約自由が確保されることになり[67]、この点でも情報提供義務の重要性が強調される。

　裁判例ではフランチャイズ契約における不完全な情報提供に関して賠償責任を追及された事件[68]がある。判決の主旨は、フランチャイザーの提供する収支予測が合理性を欠き、フランチャイジーに契約締結の判断を誤らせるおそれが著しく大きい場合に損害賠償責任を肯定するとされる。また、フランチャイジーの収入が減少する可能性が十分にあり、それをフランチャイザーが容易に予測できた場合、収入減少の可能性を十分説明すべきであり、的確な収支予測を示してフランチャイジーに正しい判断をさせる信義則上の義務を認めた判決[69]もある。売上予測が結果的に間違っていたからといって、すぐにフランチャイザーの責任が肯定されるわけではないであろうが、その分野の専門性を持ち合わせた事業者として、事業計画の分析手法や評価方法はそれなりの水準に達している必要があり、提供した情報が不注意で誤っていた、あるいは、あえて否定的情報を開示しなかったような場合には責任を肯定されても仕方がないのであろう。積極的な営業活動によるセールス・トークと行き過ぎによる情報提供義務違反の違いは非常に微妙であるが、沈黙による詐欺[70]を問われな

---

[65]　横山美夏「説明義務と専門性」判例タイムズ 1178 号 19 頁（2005 年）。

[66]　横山・前掲注[65]　20-21 頁。

[67]　横山美夏「契約締結過程における情報提供義務」ジュリスト 1094 号 130 頁（1996 年）。

[68]　東京地判平成 14 年 1 月 25 日判時 1794 号 70 頁。

[69]　千葉地判平成 13 年 7 月 5 日判時 1778 号 98 頁。

いことも含めて、契約交渉の過程では細心の注意を用いて情報提供していく必要があろう。

このように考えると、あらゆる事業者は自ら専門家としての意識とプライドを持って、顧客に付加価値情報を提供すべきことになる。どこまで、情報提供すれば責任を免れるかは個別具体的な状況により判断が分かれるところであろうが、PI 保険の視点からいうと、リスク管理体制として情報提供義務への対応を一通り講じたあと、そこをすり抜けてしまう事象に対する PI 保険の有用性はあるといえる。昨今、事業者側に対し社会的要請として高度な注意義務を課す裁判例に鑑みると、PI 保険の必要性は再度検討されるべき時期にきているといえる。

一方、情報提供義務違反に対する PI 保険の補償範囲で注意しなければならない点がある。それは、企業買収の場面における情報開示義務違反で、PI 保険はそれを補償対象として想定していない点である。裁判例では、消費者金融会社の全株式を売却したい売手が買手に対してデューデリジェンスに必要な情報を生データも含めて提供するが、純資産額が水増しされていることを黙っていた事案で、買収価格に影響する事実をあえて告げなかった行為に関して損害賠償責任が肯定された事件[71] があり、売手の情報提供義務違反が認められている。これは「買主、注意せよ」から「売主、開示せよ」への契約観の転換である[72]、といわれている。しかし、このようなケースで PI 保険の出番はなく、表明保証保険（Representations and Warranties Insurance or Warranty and Indemnity Insurance）の範疇であることを理解しておく必要があろう。そもそも企業買収という行為は、対価を得て役務を提供する行為とはいえないので、PI 保険の守備範囲から外れるわけである。

70　我妻栄『新訂民法総則（民法講義 I）』309 頁（岩波書店、1965 年）。

71　東京地判平成 18 年 1 月 17 日判タ 1230 号 206 頁。

72　越知保見「「買主、注意せよ」から「売主、開示せよ」への契約観の転換—債権法改正の基本方針の詐欺・不実表示・情報提供義務・債務不履行概念と表明保証・東京地判平成 18 年 1 月 17 日判決の総合的検討—」早稲田法学 86 巻 3 号（2011 年）を参照。企業買収において、古くから存在するラテン語の原則である「買主をして注意せしめよ（caveat emptor）」は、「売主はすべての情報を開示せよ（caveat venditor）」へ変わりつつあるといえるが、同じことが役務の提供契約でもいえるのだと思う。

第4節 小 括

　以上、議論してきたように、PI 保険は、役務の提供過程で顧客に生じる様々な純粋経済損害に対して幅広く補償を提供してきている。とくに昨今、役務提供契約において PI 保険を要求される事例が目立ち、また、実際に役務提供を受けた顧客が逸失利益の発生したことを理由に損害賠償請求することも増え、純粋経済損害の存在を認めて和解せざるを得ない場面も出現している。さらに補償は知的財産権や人格権、プライバシー権などにもその範囲を広げつつある事実もある。

　そもそも、あらゆるビジネスが複雑になり、提供する役務の仕組みや本質も理解が難しくなってきている。自由競争社会において企業が創造的に知恵を出し、自社のサービスに付加価値と独創性を与えようとした結果が、このような複雑化をもたらしたといってもよいであろう。一方、サービスを購入する顧客は、必然的にサービスを提供する事業者にあらゆる情報や知識を頼らざるを得ない状況が生じており、その結果、情報の非対称性からくる格差を是正しようとする動きが出てこざるを得ないわけである。そのような意味で、まさに PI 保険は、複雑化したビジネスのために不確実性が高まった企業のための保険といってよいであろう。

　そして、PI 保険のユニークな点は、ビジネスの種類だけ、PI 保険の種類も存在し得るという点である。おそらく定型的な保険約款がもっとも馴染みにくい保険といってもよいであろうし、アンダーライティングも業務の内容によって変わらざるを得ないという特徴を有する。その点を考慮すると、爆発的に普及する保険というわけではないかもしれないが、企業があらゆる種類の事業を展開する過程で、PI 保険がリスク管理の観点でサポートを提供できることはあると思われる。非常にニッチで多様ではあるが、一人でも多くの専門家が育成されることで、より多くの種類の PI 保険が発展的に増えていくという面白味はある分野といえる。

第6章
金融機関専門業務賠償責任保険の実効性

第1節　序　説

　日本の銀行においても 2008 年 3 月末より、各銀行が独自に開発したモデルによりオペレーショナル・リスクを計測する先進的計測手法（AMA: Advanced Measurement Approaches）の使用が認められ、保険を活用することによりオペレーショナル・リスクに係る所要自己資本[1]を 20％削減できることになっている[2]。ただし、国際決済銀行の下部組織に当たるバーゼル銀行監督委員会においても、この 20％の削減はベンチマークではなく上限と考えており、どの保険がどこまで有効に所要自己資本の削減に貢献できるかは手探りのようである[3]。また、オペレーショナル・リスクは他の信用リスクや市場リスクに比較して計量モデルが確立しておらず、サンプルデータの入手も困難なために計量化が非常に難しいといわれている。そして、いかに精緻な計量モデルやプロセスを用いても限界があるので、莫大なコストをかけてモデルを精緻化するよりも保守的なリスク量算出を心がけることも提言されている[4]。

---

[1]　銀行が満たすべき最低限の自己資本比率の水準を所要自己資本と呼んでいる。
[2]　金融庁告示
「（リスク削減）
第 320 条　先進的計測手法採用行は、次に掲げる要件を満たす場合には、オペレーショナル・リスク相当額の二十パーセントを限度として、オペレーショナル・リスクに対する保険契約に基づく保険金支払限度額の範囲において、オペレーショナル・リスク相当額の削減を行うことができる。」
ちなみに、新 BIS 規制では以下のとおり。
"(iv) Risk mitigation
667. Under the AMA, a bank will be allowed to recognise the risk mitigating impact of insurance in the measures of operational risk used for regulatory minimum capital requirements. The recognition of insurance mitigation will be limited to 20% of the total operational risk capital charge calculated under the AMA."
[3]　Basel Committee on Banking Supervision, *Recognizing the risk-mitigating impact of insurance in operational risk modeling*, 9-10 (2010).

　このような状況下で、損害保険がどこまで銀行の所要自己資本の削減に寄与
できるかは疑問であるが、次のような伝統的保険が銀行の各種損失事例をどの
ように補償するのかの研究もなされているところである[5]。そして、それぞれ
の保険が銀行のリスク管理の高度化にどのように貢献することができるのか検
証することは意義のあることと思われる。

・金融機関包括保証保険（the banker's blanket bond, or fidelity cover insurance）
・財物保険（property insurance）
・事業中断保険（business interruption insurance）
・専門業務賠償責任保険（professional indemnity insurance）
・会社役員賠償責任保険（directors' and officers' liability insurance）
・コンピューター犯罪保険（electronic/computer crime insurance）
・一般賠償責任保険（general liability insurance）
・雇用慣行賠償責任保険（employment practice liability insurance）

　そこで、本章においては銀行業を中心として、昨今、金融商品取引法や金融
サービス提供法の施行により金融機関に対する行為規制が強化され、消費者保
護や法令遵守の傾向を反映して注目される金融機関専門業務賠償責任保険
（FIPI: Financial Institutions Professional Indemnity Insurance、以下「FIPI 保険」）
に関する有効性と限界について検討してみることにする。とくに銀行が実際に
遭遇した事例やそれに対応する補償や免責条項の内容を通じて考察してみたい。
　また、FIPI 保険は、銀行以外にも証券会社、保険会社なども保険契約者に
なり得るが、本章では銀行を想定して議論を進めていく。ただし、基本的な保
険の構造や機能に対する考え方は、保険契約者が証券会社や保険会社だとして
も同様である。また、議論する FIPI 保険はアメリカやイギリス、オーストラ
リア、カナダ等で販売されている先端的な保険商品を想定し、わが国の実務や

4　日本銀行金融機構局「オペレーショナル・リスク管理の高度化」17 頁（2005）。
5　Basel Committee on Banking Supervision, *supra* note 3, at 10-12.

理論に少しでも寄与できることを意識した。

第 2 節　FIPI 保険の概要および実効性

1 FIPI 保険の基本構造と必要性

　FIPI 保険は、金融機関とその役職員が専門業務の遂行に起因して損害賠償請求がなされることにより被る損害を補償する保険である。保険期間中もしくは保険期間開始前の専門業務に起因して、保険期間中に損害賠償請求されたことによる損害を対象としており、一般的に請求事故方式（claims made basis）の保険とされている。対象となる損害は他の賠償責任保険と同様、法律上の損害賠償金と防御費用になる。また、一般的に規制当局の正式調査も損害賠償請求の定義に含まれるので、被保険者の調査対応費用も損害に含まれる。免責条項にはすでに係争中の賠償請求や訴訟、故意による不当行為、保険始期前に通知されるべき不当行為、金融機関の破綻、不当解雇、ハラスメント、プライバシーの侵害、身体障害・財物損害など他の賠償責任保険でもみられるような免責条項があったり、分野調整として他の保険種目で補償が得られるために免責となったりしているものもある。

　銀行業務で想定される損害賠償責任には、銀行の固有業務である融資に絡み、情報開示義務違反を問われる場合、交渉中断による銀行の責任が問われる場合、あるいは優越的な地位の濫用による被害者からの損害賠償請求等が想定される。また、付随業務に関しては、投資信託の販売における説明義務違反や適合性原則違反が典型的と思われ、その他、コンサルティング業務やビジネスマッチング業務で、不実開示や不適切な助言による顧客からの損害賠償請求が想定されよう。

　一方で、間違った口座に資金を送金し回収できなくなったような誤送金、預金からおろした現金を別人に渡してしまった誤支払のようなケースは、相手方からの損害賠償請求がない限り FIPI 保険の支払要件を充足しないことに注意が必要である。一般的には訴状や召喚状等の訴訟手続きによってなされる民事訴訟、文書による損害賠償請求などが、「請求（claim）」として定義され保険

の支払条件になっていることが多い。よって、単に事務ミスが発生し銀行に損失が生じた場合に、その穴埋めとして FIPI 保険を使うことはできない。事務ミスを誘発するモラルハザードを考えると当然のことといえる。

　また、銀行では効率的な業務運営を実現するためにバックオフィスの新設やコールセンターおよびインターネットの活用の動きがみられるが、システム障害により顧客へ損害を与えるような事例も考え得る。このようなケースに対して想定できないほど損害が拡大する可能性もあるのでシステム障害を免責とすることがあることに注意が必要であろう。これは、事務処理が滞ったり決済不能に陥ったりするリスクであり、ある意味で一銀行内で生じるシステミック・リスクともいい得るであろう。

　FIPI 保険の必要性が議論されるときに他の保険の存在が指摘される。たとえば、誤ってある顧客の預金を引出し別の顧客の預金口座に資金を振り替えてしまった。このミスが原因で顧客に様々な問題を引き起こし、経済損害を負わせてしまった場合を想定する。この場合、企業総合賠償責任保険（Commercial General Liability Insurance、以下「CGL 保険」）で対応できるから大丈夫であるといえるであろうか。答えは、当該賠償請求には一切の有形資産（tangible property）への損害が含まれておらず、身体障害のような事象も生じていないことを考えると CGL 保険が想定する事故ではない[6]。この CGL 保険で補償されるのは、身体障害（bodily injury）または物的損害（property damage）であり、一般的に BI/PD と称されることが多い。

　あるいは、会社役員賠償責任保険（Directors' and Officers' Liability Insurance、以下「D&O 保険」）であれば、有形資産ではなく純粋な経済損害（pure economic loss）を補償する保険であるので対応が可能であろうか。しかしながら、顧客からの損害賠償請求は銀行に対してなされており役員個人にはなされていない。さらには、法人補償（entity coverage）があるという主張がなされるかもしれないが、この法人補償は株主や投資家による証券訴訟（securities

---

6　Michael A. Rossi & Catherine L. Rivard, *Why Every Financial Institution Should Have Bankers' Liability Insurance,* Insurance Law Group, Inc. 1-2 (2001).

claims）に対応する補償であり、顧客や取引先からの損害賠償請求を対象とし
てはいないので、やはり D&O 保険でも対応できないことになる[7]。

　以上のように、主に顧客や取引先から銀行に対する第三者訴訟において有効
に機能する保険が FIPI 保険といえるが、アメリカではこの保険の組成の方法
でいくつか注意すべき点が指摘されている[8]。たとえば、一般的に二種類のア
プローチがあり、①単独で FIPI 保険を買う、② D&O 保険に FIPI 保険の補償
を追加する、という方法があるが一長一短あることに留意する必要がある。も
し、D&O 保険に追加的に FIPI 保険を付帯すると、保険料を一定程度節減で
きる利点はあるが、最初に銀行に対して賠償請求があり、それに対して FIPI
保険を使うと、その賠償請求に起因してその後に役員個人に賠償請求がなされ
ると、支払限度額が共有されている場合は、D&O 保険の支払限度額が減額し
てしまう問題が生じる。1995 年、証券訴訟に対応して開発された D&O 保険
の法人補償以来、あらゆる種類の拡張補償が追加されているが、D&O 保険は
役員個人の資産を守る保険であることを忘れてはならない。

　すなわち、法人や従業員に対してなされた重大な賠償請求に対する保険金支
払の後では、D&O 保険の補償が役員にとって劣化していることになる。最低限、
とり得る対応としては、D&O 保険は 3 億円の支払限度額、FIPI 保険は 3 億円
の支払限度額というように、別枠の支払限度額を設定することや、FIPI 保険
にサブリミット（sub-limit）という内枠の少額の支払限度額を設定することが
考え得る。たとえば、D&O 保険の 5 億円の支払限度額に対して、FIPI 保険に
3 億円のサブリミットを設定することで、最低でも 2 億円の支払限度額を
D&O 保険だけのために確保できることになる。

　また、被保険者間訴訟免責（insured vs. insured exclusion）に関してアメリカ
の訴訟制度に由来する特徴があることを指摘したい。被保険者間訴訟免責は、
他の賠償責任保険でもよくみられる免責であるが、一般的に他の被保険者から
の損害賠償請求は免責とされ内輪もめ訴訟を補償しない主旨である。しかし、

7　*Id.* at 2.

8　*Id.* at 3-4.

もし銀行職員が自行に預金口座を持っており、他の銀行顧客が集団訴訟（class action）を提起した場合に、職員も集団訴訟の原告に含まれてしまい、結果的に被保険者間訴訟の免責に該当してしまうという盲点がある[9]。よって、職員が、非自発的あるいは無意識のうちに銀行に対する原告となるため、すべての被保険者の補償は無意味になってしまう現象が生じる。これを回避するためには、職員が原告の一人として自行の顧客として損害賠償請求している場合は、当該免責条項は適用されないようにしておく必要がある。

② FIPI 保険と D&O 保険の境界線

前述のように、FIPI 保険は銀行およびその役員と職員を被保険者としている。一方で D&O 保険は役員を被保険者としている点では、FIPI 保険は D&O 保険よりも被保険者の範囲は広いことになる。当然、役員が FIPI 保険でも D&O 保険でも補償の対象となり得ることがある[10]。一方、金融機関向けの D&O 保険においては必ずといっていいほど専門業務危険補償対象外特約（professional services exclusion endorsement）が付帯されており、銀行の専門業務の遂行に起因する第三者からの損害賠償請求は免責になっている。ただし、専門業務に起因する株主からの損害賠償請求は補償するとして、復活担保（carveback）されている。

専門業務危険補償対象外特約には限定事由免責（"for" wording exclusion）[11] と絶対免責（absolute exclusion）[12] の二種類あり、一般的に金融機関の専門業務危険は絶対免責とされていることが多い。専門業務危険における限定事由免責は、専門業務の提供を受けた第三者からの損害賠償請求を免責とするもので、

9　*Id.* at 7.

10　昨今、D&O 保険の被保険者に執行役員や管理職従業員を含める傾向があるが、専門業務危険において補償を得られる事例がほとんどのはずなので、専門業務危険補償対象外特約が付帯されている限り被保険者に含める意義は乏しいと思われる。

11　たとえば、" for the insured's performance of or failure to perform any professional services to a third party for a fee..." は免責とされ、免責の範囲は提供された専門業務に起因する損害賠償請求のみに限定されるため、必然的に原告はサービスの提供を受けた顧客のみになる。

12　たとえば、"based on or directly or indirectly arising out of or relating to any actual act or omission ..." とはじまり、直接であると間接であると問わず専門業務に起因する損害賠償請求は免責とされる。よって、当局や競合他社または直接サービスの提供を受けていない第三者からのクレームも免責となる。

専門業務の提供を受けていない銀行の顧客以外からの損害賠償請求に対しては
補償が提供される。一方、絶対免責は、直接であると間接であると問わず、専
門業務に起因する損害賠償請求はすべて免責とするもので、銀行と直接契約関
係がない顧客以外の第三者が銀行を訴えた場合も専門業務に起因する損害賠償
請求は免責となる。

　つまり、サービスの提供を受けた顧客のみではなく、そこから派生したその
他第三者による二次的な請求（secondary claims）も含めて幅広く免責とされる。
よって、D&O 保険における専門業務危険補償対象外特約のために、FIPI 保険
と D&O 保険の補償が重複する事象が発生することは非常に少ないと思われる。

　また、会社と役員の第三者責任は競合関係にあるが、一般的に不真正連帯債
務と考えてよく [13]、原告はそれぞれの被告に損害額の全額を請求し得ることに
なる。その結果、賠償資力のある銀行が損害賠償金の全額を支払って決着とい
う事例が多いと思われる。また、専門業務危険に対して D&O 保険の補償だけ
であると、銀行と役員の保険金の配分（allocation）の問題が生じよう。よって、
D&O 保険と FIPI 保険の双方の補償の確保が望ましい。

　おそらく、銀行と役員の保険金の配分をはっきり決めるのは、複雑な保険事
故の事例を想定すると無理があり、包括的な補償と広い被保険者の範囲を提供
する FIPI 保険の有用性はこの点で強調されることになろう。また、実際の訴
訟において銀行と役員の双方が訴えられた場合、銀行と役員の間に利益相反が
ない限りは、銀行が前面に立って防御するはずなので、役員に弁護士費用等が
発生する機会は少ないと思われる。この点でも FIPI 保険は銀行の防御費用を
補償するので専門業務に関する訴訟に対して有効に機能すると考えられる。

　そして仮に、FIPI 保険と D&O 保険の双方で補償するような事例が生じた
場合は、双方の他保険条項（other insurance clause）で解決することになる。
他保険条項には比例条項（pro rata clause）、超過条項（excess clause）、逃避条
項（escape clause）の三種類があり、アメリカの裁判例では、比例条項の保険

13　水島治「会社の損害賠償責任と取締役の第三者責任との競合―会社自体の不法行為責任との関係
　　を中心として―」立命館法学 308 号 1165 頁（2006 年）。

129

契約と超過条項の保険契約が競合した場合は、比例条項の保険契約が先に機能して、支払限度額がすべて費消した後、超過条項の保険契約が機能することになるとする [14]。そして、両方が超過条項あるいは逃避条項の場合は、他保険条項自体が無効となり、双方の保険契約で保険金支払を分担することになる [15]。この保険金支払の分担方法には、支払限度額の大きさによって保険金支払額の分担割合を決める方法 [16] と、同じ割合で分担しながらどちらかの支払限度額がなくなると、他の保険契約が残りの損害を100％負担する方法 [17] がある。専門業務危険補償対象外特約のおかげで、FIPI 保険と D&O 保険が競合する機会は少ないものの、株主が専門業務に起因して損害賠償請求した場合には双方の保険が適用になり、アメリカの裁判例が他保険条項の解釈において参考になると思われる。

③ FIPI 保険の免責金額の考え方

金融機関に対する高額な賠償請求事案で機能するのが FIPI 保険といえる。なぜなら、FIPI 保険が想定する保険事故は少額損害ではなく高額損害に対するリスク移転であり、この場合、訴訟に勝訴しようが敗訴しようがあるいは和解になろうが、弁護士費用を含めた防御費用が保険金支払対象となり、敗訴あるいは和解した場合の損害賠償金も免責条項に該当しない限り補償の対象となり得るからである。

一方で FIPI 保険は必ず免責金額（deductible）が設定されることが一般的で、金額も 1,000 万円以上と高額になることが多い。わが国の保険実務慣行では、あらゆる保険種目で免責金額を設定しないことが一般に行われており、これが FIPI 保険の検討段階で議論が進まない一つの要因ともなっている。これは、わが国においてリスクコスト（cost of risk）という概念が浸透していないこと

---

[14] International Business Machines Corp. v. Liberty Mutual Fire Insurance Co., 303 F.3d 419, 429 (2nd Cir. 2002).

[15] Travelers Lloyds Insurance Co. v. Pacific Employers Insurance Co., 602 F.3d 56, 61 (1st Cir. 2010).

[16] Shelter Mutual Insurance Co. v. State Farm Mutual Auto Insurance Co., 223 S.W.3d 905, 907 (mo. Ct. App. 2007).

[17] Mission Insurance Co. v. United States Fire Insurance Co., 517 N.E.2d 463, 467-468 (Mass. 1988).

　も一因と考えられる。その点、アメリカにおける先端的なリスク管理責任者
（risk manager）は、単なる保険の購買人としてではなく、戦略的に組織のリス
クコストを最小化することを目的に保険はその一部と捉えている。そして、リ
スク回避、リスク削減、リスク移転、リスク保有の四つを考慮した最適解を見
出し保険の検討をするので[18]、免責金額という概念自体受け入れられやすい環
境にある。免責金額を設定することで、より多くの保険会社の引受審査
（underwriting）を容易にして保険料を削減する効果を理解しているリスク管理
責任者にとっては、免責金額に対して抵抗感がない。

　また、わが国でリスクマネジメントが進展すると保険をリスクファイナンス
の道具として捉えることができるようになり、ファイナンスの一部あるいは
もっと卑近な表現を使えば、資金調達や資金繰りの一手法という考え方が浸透
してくると思われる。そうなると、保険組成の過程で財務諸表からアプローチ
し、現金の保有量、社債の償還期限などを考慮した流動比率や各種特別利益・
特別損失など短期的要因も加味して、キャッシュフローの観点から免責金額を
検討できるようになるであろう。もちろん、金融機関の規模やとり得るリスク
量、あるいはリスク削減のための内部監査実施回数や職員に対する研修頻度、
あるいはリスクの高い営業手法の回避、複雑な商品の販売中止といった様々な
費用を考慮したうえでの判断が必要になり、適正な免責金額の決定は容易では
ない。ただ、金融機関はファイナンスの専門組織であるので金融機関が率先し
て免責金額の有効活用による保険組成をしていくことは、他業界にも積極的な
影響を与えることであろう。

　一方、実際にある再保険会社により包括的に補償を提供する保険として
FIORI（Financial Institutions Operational Risk Insurance）が開発されているが、
一事故当たりの免責金額が約 100 億円と高額で巨大な金融機関を想定した商品
設計になっており、あらゆる金融機関が利用可能な状況にはない[19]。一方でオ
ペレーショナル・リスク管理において有効に機能する面も存在するし、頻度は

18　Prakash Shimpi, Integrated Corporate Risk Management 20 (1999).
19　Hal Scott & Howell Jackson, *Operational Risk Insurance - Treatment under the New Basel Accord*, International Finance Seminar 8 (2002).

小さいがインパクトが大きいリスクに対して保険によるリスク移転を提唱する世界的な金融機関も存在し、予想が困難な巨大損害に対して保険を利用することは非常に有効なオペレーショナル・リスク管理手法と考えられているようである[20]。

そして、FIPI 保険は一般的に免責金額が 1,000 万円以上と高額に設定されている場合が多いので、個人からの損害賠償請求では免責金額の範囲に入る確率が高いかもしれない。ただし、一事故で高額な損害賠償請求がなされる法人顧客の事例では免責金額を超える損害賠償請求の可能性はある。たとえば、銀行が法人と締結したデリバティブ取引において損害が発生し賠償請求されたような場合は損害額が巨額になることから、FIPI 保険の有用性はあるであろう。基本的に少額損害を補償することを目的とした保険ではなく、高額な損害賠償請求を受け、自行のバランス・シートに大きな影響を与える損害に対する備えと考えるのが論理的な保険購入の動機となる。

また、将来的にアメリカ型の集団訴訟（class action）が導入された場合には、さらに、FIPI 保険は重要性を増してくる。なぜなら、集団訴訟が提起されると損害額は複数の原告の損害額の積算になる可能性があり、容易に免責金額を超える事案が増えることが想定されるからである。免責金額の適用に関しては、一般的に被保険者の同一の不当行為に起因する損害は、一つの損害（one loss or claim）とみなされ、一つの損害のうち免責金額を超える部分に保険者の支払責任は生じることになる。ただし、注意が必要なのは、あらゆる集団訴訟が一つの損害になるとは限らないことである。たとえば、免責 1,000 万円の保険に対して五人の被害者にそれぞれ 500 万円の損害が発生したとする。この場合、事故の件数が五件と数えられると、この五つの損害賠償請求はすべて免責金額以下となり保険金支払を受けられない。一方、この五件の損害賠償請求が一請求と数えられると、損害額は 2,500 万円となり、1,000 万円を控除した 1,500 万円の保険金支払を受けられることになる。

---

[20]　Hans-Ulrich Doerig, *Operational Risk in Financial Services, An Old Challenge in a New Environment*, Institut International d'Etudes Bancaires 76-82 (2000).

　たとえば、オーストラリアにおける、Brighton Hall 事件 [21] では、集団訴訟のそれぞれの原告の請求は、一つの損害ではなく異なる損害と判示している。事案は金融サービス会社の Brighton Hall 社が 2001 年から 2005 年の間に複数顧客に Westpoint 社による不動産開発に投資することを助言したが、結果的に Westpoint 社が倒産したため、多くの原告が Brighton Hall 社の過失あるいは不適切な助言を根拠に集団訴訟を提起した。そして、Brighton Hall 社は FIPI 保険から損害額を回収することになった。この事案において裁判所は異なる商品、異なる顧客、異なる投資期間、そして被った損害の時と金額が異なるので、これらの損害は一つの損害ではなく異なる損害と判示している。よって、このような事案では免責金額が保険者にとって有利に機能することになる。

　また、イギリスの Standard Life Assurance 事件 [22] においても、2,500 百万ポンド（37 億 5,000 万円）[23] を超える 7,500 万ポンド（112 億 5,000 万円）の FIPI 保険の支払限度額を購入していた事案で、9 万 7,000 人の原告投資家の合計損害額は 1 億ポンド（150 億円）を超えているにもかかわらず、一損害賠償請求は 2,500 万ポンド（37 億 5,000 万円）以下なので保険金支払はなされないとしている。すなわち、保険契約者は 7,500 万ポンド（112 億 5,000 万円）の支払限度額を買っていたのにも関わらず、それぞれの損害賠償請求が 2,500 万ポンド（37 億 5,000 万円）以下だったので一切保険金が受け取れなかった極端なケースであった。

　アメリカでは、損害賠償請求の件数を判断するときに原因理論（causation theories）と効果理論（effect theories）があり、一般的に原因理論が採用されている [24]。イリノイ州最高裁判所が示した事例 [25] で簡単に説明すると、車の運転手がよそみをして三台の車を破損した。被害を受けた三台の車の所有者は運

21　Morgan, Re Brighton Hall Securities Pty Ltd (in liq) [2013] FCA 970.

22　Standard Life Assurance Ltd v. Oak Dedicated Ltd & Ors [2008] EWHC 222 (Comm).

23　この後、各国の通貨の為替レートよりも金額の規模感のイメージを優先して、およその日本円換算の金額を補足表記する。

24　Michael Murray, *The Law of Describing Accidents: A New Proposal for Determining the Number of Occurrences in Insurance*, 118 Yale Law Journal 1495 (2009).

25　Nicor, Inc. V. Associated Elec. & Gas Ins. Servs. Ltd., 223 Ill. 2d 407 (Ill., 2006).

転手を訴えた。この時、効果理論であれば三つの被害が発生しているので三事故とし、原因理論であれば同じ原因に基づき損害が発生しているので一事故と解釈することになる。ただし、銀行のケースで原因理論を採用するとしても、金融商品の種類や損害の発生した時期、場所、そして銀行の販売方法の違いによっては複数の事故と解釈されることはあると思われる。

　たとえば、Kelly 事件 において、2万2,000人の保険契約者を代表して Kelly 氏が、破綻した保険者の保険代理店である Lacey Insurance 社を契約違反で訴え、免責金額1万ドル（100万円）は損害額の全体に適用されるべき旨を主張した。しかし、裁判所は一つひとつの損害賠償請求に免責金額が適用されると判示している。

　一方、カナダの裁判所はアメリカのように原因理論あるいは効果理論を採用するといったことは明言していない。基本的にそれぞれの事案の個別事情とそれぞれの約款によって解釈が異なっている [26]。Canadian Gas Association 事件 [27] では、1万人の住宅所有者の損害に対して Canadian Gas Association が自らの専門業務賠償責任保険に保険金請求をした。保険者の主張は、住宅所有者一人当たりの損害が免責金額の2万5,000ドル（250万円）を下回っていたために、防御費用も賠償金も支払わないというものであった。しかし、裁判所は最低でも防御費用に関して、訴訟全体の請求額が免責金額に適用されるので防御費用に関する保険金は支払われると判示している。

　このように、免責金額に関して定まった解釈がないものの、一ついえることは、集団訴訟を一請求として解釈すると、免責金額を超えて保険金支払の可能性は高まるが、簡単に支払限度額も費消してしまうということである。一方で集団訴訟の個々人の請求を一請求と解釈すると、まったく保険金支払を受けられないこともあるという極端な結果を招くことになるという問題がある。日本において高額な免責金額を設定するという保険実務がなく、集団訴訟も一般的

26　Ward K. Branch & Christopher Phone, *Insurance Issues in Class Actions*, The Canadian Institute 9-14 (2008).

27　Canadian Gas Association v. Guardian Insurance Co. of Canada, [1998] O.J. No. 5260 (Gen. Div.).

ではないので、この問題が議論されることはなかったが、今後の紛争に備えて議論を深めてもよい論点である。本稿では問題提起にとどめ、別の機会で検討したい。

第 3 節　銀行業務の固有リスクと FIPI 保険

1 投資銀行業務免責の歴史的背景

　FIPI 保険で典型的にみられる免責条項に投資銀行業務がある。そもそも「投資銀行（investment bank）」という用語は、株式市場で直接取引免許を有する金融機関を指す言葉で、アメリカのみで使用されているものであった。具体的には株式や債券の引受業務、買収・合併のアドバイザリー業務、外国為替業務、財務アドバイザリー業務などがあるが、業務内容が複雑なために保険引受が非常に困難な業務といえる。とくに M&A の助言、友好的であろうが敵対的であろうが株式の売買、株式の上場支援、新株予約権無償割当、株式・社債の引受はリスクが高いと考えられている [28]。

　それでは、アメリカにおいて投資銀行はどのようなリスクにさらされてきたのであろうか。1990 年代後半から 2000 年にかけて、新規株式公開（IPO: initial public offering）に関して投資銀行が訴訟に巻き込まれ、巨額の損害賠償請求がなされている。主な訴訟原因は、ラダーリング（laddering）といわれる不正行為で、取引開始後に同じ株式を高い価格で購入することを条件に機関投資家に新規公開株式の割り当てを行い、その結果、株価を上昇させることができ、その株式を買った機関投資家は儲けることができるというものである。短期間で株価上昇が実現できるこの手法では投資銀行が機関投資家から不当な報酬を得ていた。あるいは、アナリストが実際の企業評価以上に好意的な推奨を書いて意図的に株価を上昇させたなどとも原告から主張されている。

　タイ・イン（tie-in）といわれる取引では、株式の割り当てと株価上昇がまさに結びつけられ、当事者は大きな利益を得ることができたが、1998 年から

28　A A Gregory et al., Professional Indemnity Insurance 104-105 (2001).

2000 年にかけて約 50 社の投資銀行と 309 社の新規発行企業が訴えられた。この訴訟の特徴は実際にそのような取引を仕掛けた投資銀行だけではなく発行企業とその役員も被告になっていることであり、アメリカ証券法 11 条による不実開示の訴訟に発展している [29]。これらの訴訟に関する保険適用の可否に関しては意図的な不当行為であるか、一事故なのか複数事故なのか、不誠実行為免責や詐欺行為免責、犯罪行為免責に該当するのか、告知義務違反に該当するかなどが保険者から提起される争点だった [30]。

次に問題となったのがスピニング（spinning）といわれる不正行為で、投資銀行が儲かる新規公開株式を顧客企業の幹部に割り当て、その企業と投資銀行業務の契約を結ぶ行為。企業幹部はすぐに株を売り抜けて儲けることになる。Credit Suisse First Boston 社（以下「CSFB 社」）は、スピニング行為が原因で 7,000 万ドル（70 億円）もの支払を当局にすることになり保険者に保険金請求した。しかし、ニューヨーク州最高裁判所は、CSFB 社の損害は不正に得た利益の吐き出し（disgorgement）であり、それに対する保険金支払は公序良俗の観点からなされるべきではないと判示している [31]。すなわち、保険約款における損害の定義には不当利得（ill-gotten gain）は含まれないということであった。

その後、2003 年には投資銀行によって運営されているミューチャル・ファンド（mutual fund）、すなわち投資信託会社でレイト・トレーディング（late-trading）とマーケット・タイミング（market-timing）という不適切な取引に関して問題が発生した [32]。レイト・トレーディングは、特定の大口顧客に株式市場が閉まった午後 4 時以降も取引させる行為で、午後 4 時以降に発表された重要な情報を材料に売買させることで利益をもたらす。この取引は明らかに投資会社法規則 22c-1 条で禁止されており、ニューヨーク州が Canary Capital Partner 社を民事提訴してから問題が発覚した [33]。

29　James Chavous et al., *Investment Banking Exposures*, American Re 4 (2004).

30　*Ib.* at 5.

31　In Vigilant Insurance Compnay v. Credit Suisse First Boston Corp., 800 N.Y.S 2d 356, 2003 WL 24009803 (N.Y. Sup. 2003).

32　Robert M. Braceras, *Late Trading and Market Timing*, 37 (1) Securities & Commodities Regulation 61-70 (2004).

　また、マーケット・タイミングは長期保有の投資家の利益に影響を与えるものとして、目論見書に短期売買を禁止しているにも関わらず、特定の投資家に短期売買をさせる行為である。アメリカと海外の時差を利用して短期間に売り買いをして儲ける方法で、法律で明確に禁止はされていないものの長期保有の投資家の利益に反することになる。

　このような一連の不正な行為に関して投資銀行は当局へ罰金を支払い、投資家に対して莫大な損害賠償金を支払ったわけである。その後、保険金請求もされているわけであるが、いずれも意図的な利害の抵触による免責、不誠実行為による免責、不当利得による免責等の適用も想定されるところである。このように投資銀行が行う業務は、一般的にリスクが非常に高いとされ、保険引受上かなりの困難に直面することになる。よって、これらの業務を明らかに免責とするために、投資銀行業務の免責条項があるといえる。今後の課題としては、保険引受上、完全に免責とするのか、あるいは縮小てん補や高額免責を活用することにより投資銀行の自助努力を促し、モラルハザードを最小限に抑えるような取組みもなされて良いであろう。

② 投資銀行業務に潜む特有のリスク

　投資銀行業務のリスクが敬遠される原因はほかにもある。投資銀行は複雑なスキームを作り顧客の資金調達に深く関わることが多い。アメリカの証券訴訟にはこのスキームを作った者の責任という意味でスキーム・ライアビリティ（scheme liability）という法理がある。すなわち、証券取引法における不実開示あるいは非開示の責任は開示を行う当該企業が責任主体となるが、そのスキームに関与した投資銀行なども二次的な責任主体として被告にしようとする法理である。

　たとえば、2001 年に発覚した Enron 事件[34]のような企業不祥事において、会社が破産した場合は株主の救済手段は限られている。まずは、従業員や債権者に弁済され、その他破産管理費用などが弁済され、最後に株主となる。

---

[33]　State of New York v. Canary Capital Partners, LLC, No. 03-402830, 2003 WL 22341460,（N.Y. Sup. Ct. filed Sept. 3, 2003）.

[34]　高柳一男『エンロン事件とアメリカ企業法務』（中央大学出版、2005）を参照。

Enron 社の破綻で被害を被った株主の救済手段としては、Enron 社破綻に関与した投資銀行、法律事務所、会計監査法人など、直接契約関係にはないが賠償資力のある第三者に損害賠償請求することであった。そして、Enron 社の株主は、会社の業績に関して開示された不実の情報を信頼して株式を購入しているので、連邦証券取引所法 10 条（b）および同法規則 10b-5 を根拠に不実開示に関与した投資銀行や法律事務所、会計監査法人などに対して証券訴訟を提起している。この場合、株主と投資銀行は直接の契約関係がないために、損害と行為の因果関係の立証は困難を極めるはずであったが、破綻した企業からの損害賠償金の回収はさらに困難なため賠償資力のある第三者を被告とすることになった。ここにおける Enron 社は、一次的行為者（primary actor）と呼ばれ開示義務を負う企業そのものであり、投資銀行、法律事務所、そして会計事務所などは二次的行為者（secondary actor）といわれ、不正なスキーム作りに関与し不実開示に加担した専門家となる。とくに投資銀行は違法なストラクチャード・ファイナンス（structured finance）を設計し融資実行したことに対して責任追及された。

　その後、投資銀行の事案ではないが、アメリカ連邦最高裁判所は 2008 年に Stoneridge 事件 [35] において二次的行為者である取引先は、たとえ Stoneridge 社の偽装取引に関与していたとしても、当該取引先は法的に開示義務を負っていないし投資家も二次的行為者の欺罔行為を信頼して株式投資をしたわけではないので、被告となり得ないと判示し責任を否定した。投資家がその行為を信頼したという「信頼の要件（reliance）」を欠いたということで責任を否定したわけであるが、この最高裁の判決をもってスキーム・ライアビリティの理論は終焉したといわれる [36]。また、アメリカの商工会議所もスキーム・ライアビリティの法理が広く認められるようになればアメリカの上場会社と取引をする企業が減り、アメリカ経済の競争力が削がれることを懸念する。すなわち、世界中の企業はアメリカ上場会社との取引でスキーム・ライアビリティの責任を問

35　Stoneridge Investment Partners LLC v. Scientific-Atlanta Inc., 128 S. Ct. 761（2008）.

36　竹田絵美「米国証券取引所法規則 10b-5 に基づくスキーム・ライアビリティと Stoneridge 判決」旬刊金融法務事情 1832 号 49-55 頁（2008 年）。

われて莫大な損害賠償責任を負わされるのであれば、アメリカ以外の企業と取引するようになるであろうという[37]。

　ただし、Stoneridge 判決以後、類似の訴訟は起きており、Bristol Myers 事件[38]では Bristol Myers 社の役員が知的財産訴訟で Apotex 社と付帯合意をして、巨額な損害賠償金を支払うことになっているにも関わらず、そのことを開示しなかったために株主がこの役員も含めて Bristol Myers 社と CEO に対して損害賠償請求をしている。当該役員は正式にはコメントしていなかったが、投資家は彼が誠実に Apotex 社と交渉しているということを信頼していたとして「信頼の要件」を満たしているとしている。そして、裁判所は、Stoneridge 判決との違いを、Stoneridge 事件は被告の欺罔行為が公式には伝わっていなかったが、Bristol Myers 事件では被告の不正行為が修正された和解条件の開示と口頭による付帯合意の発覚として公に情報が漏れていたことになり、役員は重要な取引の交渉に関して正確に情報を開示する義務があるとしている。

　このようにスキーム・ライアビリティの理論は完全に否定されたわけではない。すなわち、一次的行為者か二次的行為者かということに注視するのではなく、原告が被告の行為を信頼したかどうかを証明できるかどうかにかかっているといってよい[39]。このように投資銀行に対する責任追及の道は残されている。とくに複雑な金融スキームを設計し、企業に巨額の資金供給することが可能な立場にある投資銀行は、企業の財務諸表に大きな影響を与えることができる。このような投資銀行は、投資家保護の観点からも必然的に大きな責任を負わされ、賠償額も巨額になる可能性を内包しているといってよい。たとえば、わが国においても企業の損失隠しのスキームに加担した投資銀行は、金商法上開示責任を負っていなくても証券訴訟において投資家から損害賠償請求を受ける可能性がある。そう考えると、投資銀行業務を行う銀行がディープ・ポケット

37　James Hamilton, *Supreme Court Rejects Scheme Liability Theory under Rule 10b-5*, Wolters Kluwer Law & Business 6-7 (2008).

38　In re Bristol Myers Squibb Co. Sec. Litig., 586 F. Supp. 2d 148, 151 (S.D.N.Y. 2008).

39　James C. Dugan and Todd G. Gosenza, *The Future of Secondary Actor Liability under Rule 10 (B)-5 After Stoneridge Investment Partners, LLC v. Scientific-Atlanta, Inc.*, NYU Journal of Law & Business 826 (2009).

（deep pocket）として被告に加えられるわけであり、このようなリスクが保険
に馴染まないために免責とされていることも理解できよう。一方で銀行として
はこのような業務に関してより慎重なリスク管理と何重ものチェック体制を整
備しておくことが重要といえる。

　次に M&A 業務において投資銀行が訴えられるリスクは非常に大きくて複
雑である。たとえば、M&A に関する助言に不備があったということで損害賠
償請求される事例やフェアネス・オピニオン（fairness opinion）という企業価
値評価の不備が原因で損害賠償請求される事例などが想定される。一般的にこ
れらの M&A に関する助言やフェアネス・オピニオンに起因する損害賠償請
求に関しては、利益相反行為に起因して巨額な損害賠償責任に発展することが
多く免責とされていることが多い。

　M&A に関する助言が利益相反として問題となった事案としては、銀行が自
分の顧客にホテル買収計画に関して助言をするがそのホテルも銀行の顧客であ
り、しかも買収価格より不動産の抵当評価がかなり低かったことを隠したため
に、買収しようとしている顧客から訴えられた事件[40]、あるいは投資銀行が顧
客に対してある企業の買収に関する助言を提供していたが、銀行の経営陣の一
部に当該買収計画に反対のものがおり、ターゲット企業の株式を市場で購入し
て買収を失敗に終わらせ、顧客から損害賠償請求された事件[41]等がある。こ
のようなケースは明らかに投資銀行内の情報障壁（Chinese wall）の不備が原
因で利益相反行為が問題となった事案である。情報障壁は投資銀行内部のルー
ルと手続きになり、多角的な金融仲介事業を営む投資銀行の部門間で機密情報
が誤って使用されることを制御し防止するように設計されている[42]。しかし、
実際に機能しない場合には大きな損害賠償請求に発展することが多い。

　わが国において M&A に関する裁判例は少ないが、利益相反行為ではない
ものの M&A の助言に不備があったことをもって銀行が損害賠償責任を追及

[40]　Commonwealth Bank v. Smith（1991）FCA.

[41]　Standard Investments Ltd v. Canadian Imperial Bank of Commerce（1985）22 DLR（4th）410
　　（Ont CA）.

[42]　Chizu Nakajima & Elizabeth Sheffield, Conflict of Interests and Chinese Wall 109-110（2002）.

された事例 [43] はある。事件の概要は、銀行の顧客企業の社長が自分の会社を売却して現金取得を意図していたので、当該企業を他の企業に合併させ、他の企業の株式を取得した社長に当該株式を売却して現金化すべきという助言をした。ところが、結果的には株式の売却は上手くいかずに、銀行も適切な株式譲渡先をみつけることもできなかったために、銀行に対して債務不履行または不法行為による損害賠償請求がなされた。最終的に請求は棄却されたものの一審では 12 億 8,000 万円の支払が命じられている。しかし、このような事案でも M&A に関する助言として免責に該当しよう。

　また、フェアネス・オピニオンは、企業価値に関して公正であるかどうかのみ述べる意見書で、買収価格がもっとも良いとか、最高の価格だなどの意見は述べない [44]。企業買収の場面でフェアネス・オピニオンを入手することは、自社の株主に対する注意義務を尽くしていることを主張するのにも役立つので、M&A の場面ではよく活用される。すなわち、フェアネス・オピニオンを取得することでかなりの訴訟リスクを低減することができるという効用があるといわれる [45]。実際、アメリカにおいては 80％の被買収企業が、そして 37％の買収企業がフェアネス・オピニオンを取得している [46]。

　しかしながら、同じ投資銀行が助言とフェアネス・オピニオンの双方を提供することに潜在的な利益相反取引の可能性が含まれていることが問題となっている。なぜなら、投資銀行は成功報酬を得るために、買収案件を実行させたいという誘因があるためである [47]。このように、利益相反取引を生じやすいフェアネス・オピニオンに関しても FIPI 保険の免責条項に該当することが多い。そもそも M&A の助言業務における利益相反行為を含めて、常に不誠実行為による免責や不当利得による免責の問題をはらんでおり補償の提供に関して論

---

[43]　大阪高判平成 14 年 3 月 5 日金判 1145 号 16 頁。

[44]　Anil K. Makhija, Pajesh P. Narayan, *Fairness Opinions in Merger and Acquisitions*, SSRN 7 (2007).

[45]　D.J. Kisgen et al. *Are fairness opinions fair? The case of mergers and acquisitions*, 91(2) Journal of Financial Economics, Elsevier 183 (2008).

[46]　*Ib.* at 179.

[47]　*Ib.* at 185.

争が生じやすい。その結果、保険者としても M&A 業務に起因するリスクは取りにくい事情があると思われる。

③ 融資業務と金融商品販売のリスク

これまで、リスクの高いといわれる投資銀行業務を概観し、なぜ FIPI 保険で免責条項とされていることが多いのかをみてきたが、ここではわが国で FIPI 保険が有効に機能すると思われる銀行の固有業務として融資の事例を検証してみることにする。

信用金庫が顧客にある土地を信用金庫からの融資で購入するように積極的に働きかけた事案がある。原告は本件土地の売主と不動産仲介業者から重要事項説明書の交付を受けているが、本件土地が接道要件を満たしていなかった[48]。そこで、原告は接道要件を具備していなかった土地であるにも関わらず、説明を怠ったことは信用金庫の説明義務違反であるということで不法行為に基づく損害賠償請求をした。

被告である信用金庫は説明義務を負うのは売主と不動産仲介業者であるので説明義務違反はなかったと主張して上告する。最高裁は結果的に原審を破棄し信用金庫に責任なしと判示した[49]。最終的に信用金庫に説明義務違反はなかったことで決着しているが、信用金庫の職員が接道要件を具備していなかったことを認識していながら、ことさらに顧客へ知らせなかったり知らせることを怠った場合、あるいは信用金庫が不動産の販売活動に深く関与していたり、不動産仲介会社と業務提携していた場合などの特別の事情があれば、信義則上、信用金庫の説明義務違反が認められる場合があることを示唆する事件といえる。

また、銀行担当者から建築会社を紹介され、銀行の借入資金で建築会社が建てる建物を賃貸し、その賃料収入に加えて同土地の北側部分を売却することによって返済資金を捻出するという提案を受けた顧客が、融資を受けた事例がある。ところが、完成した建物が土地全体を敷地として建築確認を受け、敷地の容積率の上限に近かったために北側部分の土地の購入者が現れても建築確認が

48　接道要件とは建築基準法により定められた要件であり、建築物の敷地は道路に面して 2 メートル以上接していなければならない義務である。

49　最高裁判所平成 15 年 11 月 7 日判時 1845 号 58 頁。

受けられない可能性があった。建築会社の担当者はその問題を認識していたが顧客と銀行はその問題を認識していなかった。顧客である原告は本件問題が生ずることを説明すべき義務を怠ったとして、銀行と建築会社に対して不法行為または債務不履行により 3 億円以上の損害賠償請求をした事件[50] であった。銀行担当者が返済計画に関して説明した際、北側土地の売却について銀行も取引先に働き掛けてでも確実に実現させるべき旨など述べる特段の事情が認められたのであれば、銀行担当者としても本件敷地問題を含め北側土地の売却可能性を調査してこれを顧客に説明すべき信義則上の義務があったとされ、さらに審理を尽くさせるため原審に差し戻された。

　以上の事例からいえることは、たしかに不動産業務は銀行法上の業務ではないが、顧客側で銀行に何かしら説明してもらえる合理的な期待があるような特段の事情がある場合は、銀行職員の積極的な関与がある場合であり、銀行に重い説明義務を課し得ることになろう[51]。とくに融資業務は金利以外に差別化する要素も少なく、銀行も本来業務である融資実績を残すためにはその周辺業務で付加価値を提供しようと努力することもあり、そのような場合の行き過ぎた行動が信義則上の説明義務違反を問われる事例につながることがある。その点、積極的な営業が訴訟リスクをもたらすわけであるが、営業とリスク管理のバランスを維持するのは非常に難しい場面でもある。しかも不動産取引に関する融資は高額となることが多く、いったん銀行に損害賠償責任の追及がなされると賠償額も高額になることが多い。

　その他、融資交渉の中断によって銀行の責任が問われた事例[52] もある。顧客企業が工業団地の新工場建設資金を調達しようと銀行と交渉していたが、途中で理解の食い違いが生じて、銀行が一方的に融資を拒絶した結果、新工場の建設を断念せざるを得なかった事案であり銀行の責任が認められている。このようなケースは、契約締結上の過失責任、諾成的金銭貸借契約の不履行責任、

50　最高裁判平成 18 年 6 月 12 日判時 1941 号 94 頁。

51　山田剛志「不動産担保融資取引における銀行による業者の紹介責任と説明義務を導く『特段の事情』」銀行法務 21 663 号 21 頁（2006 年）。

52　東京高判平成 6 年 2 月 1 日判時 1490 号 87 頁。

金銭消費貸借契約の予約の不履行責任等が考え得るが[53]、民法 715 条に基づき当初 3 億円以上の請求額から過失相殺を経て 3,500 万円の請求が認められた。ここでも新工場建設という比較的大きなプロジェクトが頓挫したことになり、損害額は高額になる典型例といえる。

　次に、近年では銀行による投資信託の販売も積極的に行われている。銀行にとって重要なのは預金との誤認防止で、銀行法 12 条の 2 で預金以外の商品について重要な事項を顧客に説明することが求められていることがある。また、銀行法施行規則 13 条の 5 において詳細が定められ、顧客に対して投資信託は預金商品ではないこと、預金保険の対象ではないこと、元本保証ではないこと、投資信託は委託会社が運用しており銀行が運用しているものではないことなどを説明する必要がある。また、金融サービス提供法 4 条においても元本欠損が生じるリスクなどの説明義務を、6 条においては重要事項の説明をしなかったときや断定的判断の提供をしたときは、これによって生じた損害の賠償責任を負うことが規定され、さらに顧客の立証責任は軽減され銀行には厳しい内容となっている。

　このような環境下で銀行に対する裁判例もでてきており、たとえば、無職の高齢者に 2,000 万円の日経平均ノックイン型投資信託を勧誘し、説明義務違反および適合性原則違反を問われて銀行の責任が認められた事件[54]がある。ノックイン型投資信託は日経平均連動債などの仕組債に集中投資をする投資信託で分散投資の機能はなく非常にリスクの高い商品である。とくに高齢者の場合、預金をしている銀行からこの商品を勧誘されると商品の特性について勘違いしやすい。本判決においては銀行の担当者が販売用資料に基づき一通りの説明をしたものの、原告の年齢、知識、取引経験、元本重視する意向に鑑み、とくに慎重な説明が必要であったとして説明義務違反を問われている。また、最近の事例でも一人暮らしの高齢者に定期預金 2,100 万円分を解約して、ノックイン型投資信託を販売した銀行に説明義務違反を認めた裁判例[55]がある。原告の

53　雨宮眞也「融資交渉の中断と銀行の責任」塩崎勤ほか編『新・裁判実務大系第 29 巻 銀行関係訴訟法〔補訂版〕』94-97 頁（青林書院、2009 年）。

54　大阪地判平成 22 年 8 月 26 日金判 1350 号 14 頁。

被害は株価下落に起因し商品の評価額は約半分になったとする。

　最後に優越的な地位の濫用についてもみておくことにする。2013 年の全国銀行協会紛争解決等業務の実施状況 [56] のあっせんの新規申立ての業務分類をみると、デリバティブ業務の件数が 100 件あり、全体の件数の 247 件に対して 40.5％を占めていることがわかる。また、別冊の「あっせんの申立て事案の概要とその結果」をみると、「優越的地位の濫用により締結させられたデリバティブ取引の損害賠償請求」、「ヘッジニーズがないにもかかわらず締結させられたデリバティブ取引の解約要求」、「説明不十分で締結させられたデリバティブ取引に係る損害賠償請求」などが目につく。法人顧客が銀行との関係性を良好に保つために必要のない金融派生商品を購入している事例が多くあることがうかがえるが、銀行が融資の影響力を背景として取引上の何らかの要請が行われることがあり、要請を受けた側は融資への悪影響を懸念して要請に応じるケースがみられるわけである。これらは独占禁止法 2 条 9 項に定義される不公正な取引方法に該当する可能性がある。そして銀行の行為が不公正な取引方法に該当するかどうかは、同項 6 号に基づく公正取引委員会告示における、いわゆる一般指定の優越的地位の濫用が議論の中心になる。また、優越的地位の濫用に起因する損害賠償責任に関しては独占禁止法 25 条に規定され無過失責任とされている。また、民法 709 条による一般の不法行為に基づく請求権の競合も認められているところである。

　この優越的な地位の濫用に関する規定は社会的弱者保護の観点から導入されたものであり、わが国特有のものであって欧米の競争法にはみられないといわれている [57]。そして、公正取引委員会の 2011 年の報告書 [58] においても、銀行からの各種要請は断りにくく感じ次回の融資が困難になると思い、自らの意思に反して要請に応じた企業がかなりあることがわかる。ここでは銀行と顧客企

55　大阪地判平成 25 年 2 月 20 日国民生活センター。

56　一般社団法人銀行協会全国銀行協会相談室・あっせん委員会事務局『全国銀行協会紛争解決等業務の実施状況（平成 25 年度）』。

57　谷原修身『新版 独占禁止法要論』228 頁（中央経済社、2006 年）。

58　公正取引委員会事務総局「金融機関と企業との取引慣行に関する調査報告書－平成 23 年フォローアップ調査報告書－」37 頁（2011 年）。

業の関係性においてわが国固有の力関係があることがうかがえる。よって、ア
メリカやヨーロッパの FIPI 保険では想定していない事故の類型として、この
優越的地位の濫用というものがあると考えてよいであろう。

　このような優越的な地位の濫用の事故形態において議論になりそうな、FIPI
保険の被保険者の範囲について確認しておく。被保険者には銀行およびその役
職員が含まれるが、不法行為による責任追及の場合、銀行とともにその役員と
職員に対して責任追及することが考え得る。ただ、実際には原告が銀行の賠償
資力を当てにしているし、銀行も認容額を全額負担して職員に求償することは
ないと思われる。また、詐欺的色彩の強い場合と異なり、説明義務違反や適合
性原則違反が問われる場合は職員一人ひとりの落ち度はさしたる程度ではない
が、何人かの不十分な対応が組織的に集積・複合した結果をもって義務違反と
なると考えると、やはり職員一人ひとりには不法行為が成立するといえないが
銀行に不法行為が成立するという領域があり [59]、まさにその部分を補償するの
が FIPI 保険となってこよう。よって、銀行のリスク管理の道具として非常に
利用価値があることになる。

　さらに、被保険者の範囲に関連する論点にいわゆる不誠実免責（dishonesty
exclusion）がある。不誠実免責とはわが国における故意免責に近い概念である
が、優越的地位の濫用が不誠実行為に該当する場合はどうなるであろうか。た
とえば、前述のように現場において詐欺的色彩の強い行為があったり明らかな
故意があったりした場合である。この場合、当然、不誠実免責に該当すること
になるが、その適用の段階で二つの論点がある。第一に、免責の適用に関して
保険者は免責が確定するまでは防御費用を支払い続けることになる。そして、
その免責条項に該当するかどうかの判定はどのようになされるのかというと、
保険約款の文言には二種類ある。まずは、不誠実行為の事実（in fact）が立証
されない限り保険者が免責を主張できないという文言と、もう一つは、不誠実
行為が上訴不可能な確定判決（final adjudication）で立証されない限り免責を主
張できないという文言である。確定裁判による免責の主張に関して保険者が困

59　清水俊彦『投資勧誘と不法行為』83-84 頁（判例タイムズ社、1999 年）。

難に直面するケースは、裁判において不誠実行為に関して何ら判示されない場合は防御費用を支払い続け免責も主張できない問題がある。とくに裁判の当事者になれない保険者にとっては酷に過ぎる状況があり、昨今は不誠実免責に関して事実が立証された場合は免責という文言に変更される傾向がある[60]。第二に不誠実免責には完全免責（complete exclusion）と限定免責（limited exclusion）がある。完全免責は、被保険者のうち一人でも不誠実行為があれば、すべての被保険者は免責となるが、限定免責は代位責任（vicarious liability）を補償するので銀行の職員に故意や詐欺的行為があったとしても銀行の補償は確保されることになる[61]。当然、被保険者である銀行にとっては上訴不可能な確定判決型の免責であることと限定免責であることが望ましい。

第4節　小　　括

　以上、日本ではあまり普及していない FIPI 保険に関して投資銀行業務免責の背景や想定される補償事例における免責条項や免責金額の重要論点をみてきた。今後この保険が普及するかしないかの鍵は、金融機関側のリスク管理責任者が保険購入の検討過程でリスクコストという概念を用いて、どのような方針で挑むかということと、保険者が銀行の決算に重要な影響を及ぼすリスクに対して、免責金額や縮小支払等を活用し有用な提案ができるかどうかということではないかと思われる

　そもそも、預金預け金が豊富にあり低金利で資金調達できる銀行にとって、損害賠償金の支払による資金繰りに備えた保険の検討は想定しづらい。そうなると、利益に影響がでる損害賠償請求に対してどのように対応するかということが重要な課題になるはずである。たとえば、10億円の利益が出ている銀行にとって5億円の損害賠償金という雑損失は、利益の半分を失うことになるので重大なはずである。

---

[60]　Alan Rutkin, *The Dishonesty, Personal Profit, and Money Laundering Exclusions in D&O and E&O Insurance*, 41(2) The Brief 25 (2012).

[61]　Mark Cannon & Brendan McGurk, Professional Indemnity Insurance 216-217 (2010).

　そして、保険組成が容易になるのであれば、免責金額 1,000 万円や 2,000 万円の自己保有は受け入れられる金額になろう。発生頻度が高く影響度が小さい小損害は、職員への研修を強化する、内部監査を精緻なものにする、そもそも利益相反が問われやすい事業から撤退する等の対策を講じた後は、リスクを自己保有することになる。すなわち、そのような費用負担が保険料よりも安価に効果を発揮するのであれば自己保有の合理性も出てくる。

　一方で、50 億円の利益が出ている銀行に対して、5 億円の支払限度額を提供しても意義があるかどうか疑問である。利益の 10％を失う損害に対して高額な保険料を負担することの合理性がないかもしれない。その場合、免責金額を 5 億円としてそれを超える 25 億円の支払限度額を確保することで利益の半分をカバーできることになる。実際に計量化は難しいものの、投資銀行業務を遂行している銀行であれば、100 億円超える買収案件に対して助言を提供している場合もあるであろう。その場合、仮に 25 億円の損害が発生すると免責金額 5 億円は自己負担となり、それを超える 20 億円の保険金が得られる。そして、残った支払限度額 5 億円は保険期間終了までさらに利用できることになる。

　さらに、約款に関してもアメリカやイギリス、オーストラリア、カナダの事例でみられるような様々な論点をすべてとはいわないまでも日本の訴訟制度や商慣習に合う部分は取り入れ、より実効性のある保険を提供していく必要がある。とくに免責条項の研究は、保険者のエクスポージャーを管理しつつ、より有効な補償を提供するのに役立つ。新しい市場を創るときには先例がないと積極的なれなかったり、非常に保守的な保険組成になりがちであったりする。当然、日本には固有の事情があるので海外の保険約款をすべて採用する必要はないものの、そもそも顧客が保険者を訴えることがめずらしいわが国において裁判例の蓄積がなく、想定される事故例に対する FIPI 保険の有無責の判断の予見可能性も乏しい状況にある。そういう意味でも海外の先例をわが国に一部取り入れることは有意義なはずである。

第 **7** 章
投資ファンドの専門業務賠償責任保険

第1節　序　　説

　金融機関専門業務賠償責任保険（Financial Institution Professional Indemnity）の派生商品として投資ファンド向けの専門業務賠償責任保険がある。非常に専門的で損害保険業界においてもあまり知られていない保険といえる。しかし、わが国においても事業再生や事業承継のニーズから、主に未公開株式（private equity）への投資を目的としたプライベート・エクイティ・ファンド（以下「PE ファンド」）の活躍が想定され、また投資信託や不動産投資信託（REIT）への投資も普及しはじめているので、投資ファンドの専門業務賠償責任保険のニーズも高まると思われる。

　そもそも投資ファンドの中でも PE ファンドはビジネスの構造がわかりにくく、ファンドの種類も多様で、ビジネスモデルの相違によるファンドの呼称も様々なこともあり、わが国における PE ファンド向けの保険の本質的理解や保険引受業務および損害調査業務はそれほど成熟しているとは思われない。そして、保険商品自体は昔から投資ファンドによる運用が活発なアメリカで開発されたものが、日本向けに導入されて徐々に普及してきている状況にある。また、投資信託委託業や投資顧問業もアセット・マネジメント会社によって提供され、取扱業務も拡大傾向にあり、それに伴い様々なリスク管理上の課題も浮き彫りになっているので、アセット・マネジメント会社向けの保険の活用も積極的に検討されるようになっている。

　これら投資ファンド向けの保険約款は大きく二つに分類することができる。一つは、投資家から集めた資金を運用の専門家であるファンド・マネージャーが主に株式投資を通じて運用し、さらに投資先企業の経営に深く関与して企業価値を高めた後に売却し、その運用成果を投資家に分配することを目的とした

ファンド向けのもの。もう一つは、投資家から集めた資金をファンド・マネージャーが株式や債券あるいは不動産などに投資し、その運用成果を投資家に分配するファンド向けのものである。前者をプライベート・エクイティ会社（以下「PE 会社」）向け保険、後者をアセット・マネジメント会社（以下「AM 会社」）向け保険と整理することができるであろう[1]。

　そして、明らかにこの二種類の保険の違いを認識できる部分として、PE 会社向けの保険は、投資先企業の経営に深く関与する過程で役員を派遣することが一般的なので、この部分の補償があるかないかが、保険商品の違いを認識できる一つの目安となるかもしれない。一方、定義規定に違いはあるが、投資ファンドというくくりでみると類似している部分も多いと思われる。

　本章では、投資先企業に役員を派遣するプライベート・エクイティ事業（以下「PE 事業」）専用の保険について、対象とするリスクや保険の構造について分析し、次にアセット・マネジメント事業（以下「AM 事業」）専用の保険についても同じように検証してみたいと思う。これらの考察を通じて、投資信託及び投資法人に関する法律（以下「投資信託法」）や金融商品取引法（以下「金商法」）、金融サービス提供法等関連法制の理解の重要性もさることながら、わが国でも徐々に議論が活発になっている忠実義務や信認義務あるいは信認関係が，これらの保険の理解に不可欠であることを論じてみたいと思う。おそらく忠実義務に関する議論の深化や信認義務の概念の広がりが、投資ファンドの専門業務賠償責任保険の活用や発展に影響を与えることは間違いないと考えるからである。また、本稿で想定している保険は、わが国における普及が道半ばのアメリカ型の先端的な投資ファンド向け専門業務賠償責任保険になる。この保険は事業の特性を踏まえた保険約款として補償範囲も広く、被保険者としても理想的な保険と思われるからである。

---

[1]　PE 会 社 向 け に は，Private Equity Management Liability Insurance や Venture Capital Asset Protection Insurance 等があり，AM 会社向けには，Investment Management Liability Insurance や Asset Management Protection Insurance 等がある。このように保険者によって様々な商品名が使用されているが各保険者の保険の構造に本質的な違いはない。

第2節　PE 会社向け専門業務賠償責任保険

1 PE 事業のための保険約款の構成

　「ファンド（fund）」という言葉は昔に比べると使用される頻度が増え、いろいろな文脈で使われるようになった。しかし、この言葉の定義は曖昧で使う人によって意味が違うこともある。本稿では、他者から金銭などの出資・拠出を集め、当該金銭を用いて何らかの事業・投資を行い、その事業から生じる収益等を投資家に分配する仕組みと考えておく。この仕組みから得られる利益は、集団投資スキーム（ファンド）持分といい[2]、金商法2条2項5号で、事業から生ずる収益の配当・財産の分配を受けることができる権利として法的形式や事業の内容を問わず、包括的に金商法の規制対象である「有価証券」とみなすこととされている。

　昨今、アメリカでは投資銀行（investment bank）に代わり、プライベート・エクイティ・ファーム（private equity firm）が非常に活発に事業展開している。PE 会社には優秀な人材も多く、投資銀行を辞めて PE 会社に転職する者は多いものの、その逆に PE 会社を辞めて投資銀行に転職するものは少ないといわれる[3]。そして、このような PE 会社の活発な事業展開を支えるものとして PE 会社向けの保険のニーズも高い。一方、わが国においても同じ保険が存在するものの、それほど本質は理解されていないように思われ、実効性のある活用はこれからともいえる。

　まず、ファンドには様々な種類のものがあるが、〔図表7-1〕において広義の PE ファンドと呼べるものはバイ・アウト・ファンド、事業再生ファンド、ベンチャー・ファンドまでであろう。よって、保険の引受事例もこれらのファンドが多いと思われるが、もちろんそれ以外のファンドでも少数であろうが保険引受事例はある。

2　金融庁・ウェブサイト「いわゆるファンド形態での販売・勧誘等業務について」平成28年3月1日更新。

3　佐賀卓雄「アメリカ株式市場の変貌とプライベート・エクイティ（PE）」月刊資本市場414号12頁（2020年）。

〔図表7-1〕主なファンドの概要

ファンドの種類	投資の概要	法的形態	主な投資家
バイ・アウト・ファンド	成熟企業の株式を取得し、経営に参画して企業価値を高めて株式を売却して利益を得る。	投資事業有限責任組合、任意組合、匿名組合	機関投資家
事業再生ファンド	経営破綻あるいは経営不振の企業の株式を取得し、事業再生し企業価値を高めた後に株式売却で利益を得る。	投資事業有限責任組合、任意組合、匿名組合	機関投資家
ベンチャー・ファンド	創業期のベンチャー企業に投資し、経営に関与して企業価値を高め、株式の新規公開によって利益を得る。	投資事業有限責任組合、任意組合、匿名組合	機関投資家
アクティビスト・ファンド	主に上場会社の株式を取得し、大株主としての発言力を使って提案を行い、配当や株価上昇後の売却で利益を得る	投資事業有限責任組合、任意組合、匿名組合	機関投資家
ヘッジ・ファンド	通貨、株式、債券、不動産などに投資をし、レバレッジを活用して自由裁量のもとに投資活動をして利益を得る。	任意組合	機関投資家、金融機関
不動産ファンド	不動産を取得・開発し、賃料その他当該不動産から収益を得ることによって利益を得る。	合同会社＋匿名組合	機関投資家
コンテンツ・ファンド	映画やゲーム、アニメ等の事業に出資をし、著作権等を取得してその事業収益を得ることで利益を得る。	投資事業有限責任組合、匿名組合、信託	業界関係者、金融機関

出所：第38回金融審議会金融分科会第一部会資料1-4「わが国における仕組み規制のないファンドの実態」（平成17年11月24日）をもとに筆者作成。

　PEファンドは、法人税の課税を避けるために投資事業有限責任組合、海外のリミテッド・パートナーシップ等が利用されることが多い[4]。また、同じPEファンドの事業者が、第1号ファンド、第2号ファンド、第3号ファンドなどと称して複数のファンドを運営し、投資の手法や対象あるいは投資地域によってファンドごとに異なる組織形態を採用することもある。実際のファンド

4　その他，民法上の組合，匿名組合，有限責任事業組合法に基づく有限責任事業組合などがある。

の構造は、様々な形態をとっているので非常に複雑なストラクチャーもあるが、ごく一般的な PE ファンドの構造からこの保険が補償を提供する被保険者の範囲について分析すると〔図表 7-2〕のとおりになる。

〔図表 7-2〕PE ファンドにおける被保険者の範囲

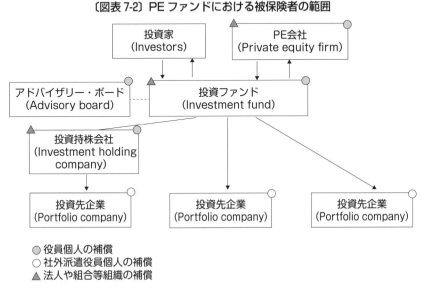

● 役員個人の補償
○ 社外派遣役員個人の補償
▲ 法人や組合等組織の補償

出所：Annette Wolff & Gregory Walker, *How Private Equity-Firins and their Directors Protect themselves in Case of Liability Claims*, SECA Yearbook 2017, 80 (2017) をもとに筆者作成。

　被保険者には投資ファンドや PE 会社等が含まれ当該組織の役員も補償される。ファンドが投資事業有限責任組合の場合であれば、業務執行を行い組合の債務に無限責任を負う無限責任組合員は、〔図表 7-2〕にある PE 会社としての立場になり被保険者となるが、業務執行はせず組合の債務について自らの出資の額を上限としてのみ責任を負う有限責任組合員は、投資家の立場になり被保険者には含まれない。あるいは、ファンドが海外のリミテッド・パートナーシップの場合であれば、業務執行を行いファンドの債務に無限責任を負うジェネラル・パートナー（general partner）は、〔図表 7-2〕にある PE 会社の立場で被保険者になるが、業務執行をせずファンドの債務に有限責任を負うリミテッド・パートナー（limited partner）は投資家の立場になり被保険者となら

ない。

　投資事業有限責任組合は、外国法人の発行する株式等の取得および保有について、取得価格の合計額が組合員の出資した金額の50% 未満でなければならないとされている（投資事業有限責任組合法3条1項11号、同施行令3条）。よって、海外投資を主に行うファンドや海外投資家向けのファンドの場合は、ケイマン諸島やガンジー島などの海外のリミテッド・パートナーシップが利用される[5]。その場合、紛争が生じた場合の予測可能性が低く、海外の弁護士に防御を委任することになるので、防御費用も高額になることがある。よって、海外投資を積極的に行い、海外投資家を募る PE ファンドはよりリスクが高いということになる。

　そして、PE 事業の最大の特徴としては投資先企業に役員を派遣して経営に深く関与することがある。この点で PE 事業の専門業務賠償責任保険の約款構成に影響してくることになる。すなわち、社外派遣役員賠償責任補償（outside directorship liability coverage）があることが、この保険の重要な価値の一つといえる。つまり、実務では投資先企業に対して業績を向上させて企業価値を高めるために、PE 会社側から役員が派遣されることになる。企業価値の向上のために投資先企業において派遣役員は各種経営判断をするわけであるが、当該役員が投資先企業で訴訟に巻き込まれることがあるので社外派遣役員賠償責任補償が必要になってくる。保険約款の構成は社外派遣役員賠償責任補償の他に専門業務賠償責任補償と会社役員賠償責任補償があり、合計三種類の保険が一つの保険商品として構成されていることになる。すなわち、専門業務賠償責任保険（以下「PI 保険」）と会社役員賠償責任保険（以下「D&O 保険」）、そして社外派遣役員賠償責任補償（以下「ODL 補償」）があれば同じ補償が得られることになる。もちろん、別々に保険を購入することも可能であるが、PE 会社向け専用保険約款は、使用される文言やその定義において PE 事業専用の書きぶりになっているので、約款解釈に関する紛争が起こりにくく、各補償の隙間も生じないように構成されているので、PE 事業には PE 会社向けの保険が望ま

---

[5]　福田匠『プライベート・エクイティ・ファンドの法務〔第2版〕』7-10頁（中央経済社，2019年）。

しいといえる。

　PE会社は事業の立ち上げ当初、ファンドの運営事業においてどのようなリスクが内在しているか把握できていないことが多く、業務遂行において不慣れな面もあるので、保険の必要性も理解されやすいといえる。そして、徐々に業務遂行のコツも掴み、ファンドの運営に慣れてくると、各種リスクも対処しやすくなる。ただ、もっとも難しいのはファンドから投資するたびに、新しいリスクとして把握しなければならない投資先企業のリスクである。とくに投資先企業にPE会社側から派遣される役員のリスクは、投資先企業ごとに、会社の規模や組織の形態、事業内容、企業文化、関連する法令や業法および規制が異なり、投資するたびにそれらの要素をゼロから学ぶ必要がある。派遣役員にとってはかなりの負荷があり、法的リスクも大きいものがあるといえる。よって、派遣役員のためのODL補償はPE事業にとって必須の補償ということになる。

　そして、PE会社にとってこの保険は、PE会社の役職員を守るというよりも、ファンドそのものを守るために必要な保険といえる。すなわち、PE会社の役職員が業務遂行に起因して損害賠償請求された場合、利益相反等なければファンドや投資先企業から契約や規則などで補償（indemnification）が提供されることになっているが、結局、ファンドから補償してしまうとファンドの投資に対するリターンが下がってしまうことになる。また、投資先企業に補償契約やD&O保険があったとしても、その内容は一律ではなく当然に差異があるので、この観点からもPE会社で手配する専用の保険によるリスク管理が必要になってくるわけである。

2 投資活動における四つのステージ

　次にPE事業の特性をみながらリスクの詳細を検証してみることにする。そもそもPEファンドにかかわるリスクが理解できなければ、保険の必要性も理解できないであろう。

　投資実務では、一般的にファンドの存続期間が10年などと限定されており[6]、

6　PEファンドは，投資家が自由に換金できないクローズド・エンド型になる。一方，日本の投資
　信託などは，いつでも換金できるオープン・エンド型が多い。

その期間のファンドのライフサイクルとして四つの投資段階があるといわれる。一番最初が資金調達段階、二番目が投資実行段階、三番目が企業価値向上段階、最後の四番目が出口段階である[7]。この四つのステージにおいて、PE ファンドの事業者および役職員は特有の賠償責任リスクにさらされている〔図表7-3〕。

〔図表7-3〕投資活動の四つのステージにおけるリスク

1. 資金調達	・目論見書の虚偽記載や不実表示 ・各法域における法令・規制
2. 投資実行	・投資先企業のデューデリジェンス ・コミットメントに対する出資義務の不履行 ・資金調達および買収手法
3. 企業価値向上	・派遣役員の投資先企業での経営判断 ・投資先企業の役員としての地位とファンド事業者の利益相反
4. 出口	・金融商品取引法違反 ・投資先企業の売却に関する虚偽記載や不実表示 ・投資先企業の倒産 ・不適切な清算処理

出所：Annette Wolff & Gregory Walker, *How Private Equity-Firmsand their Directors Protect themselves in Case of Liability Claims*, SECA Yearbook 2017, 76（2017）をもとに筆者作成。

　まず、資金調達段階においては、投資家を募るための目論見書に関して不実表示があったり、誤りがあったり、あるいは詐欺的内容があったりした場合に投資家から損害賠償請求されることがある。金商法においては、投資家に対して虚偽のことを告げる行為は禁止され（金商法38条1号、63条11項）、不確実な事項について断定的な判断の提供も禁止される（金商法38条2号、63条11項）。その他、広告等の規制（金商法37条）、契約締結前の書面交付義務（金商法37

---

[7]　Annette Wolff & Gregory Walker, *How Private Equity-Firms and their Directors Protect themselves in Case of Liability Claims*, SECA Yearbook 2017, 76-78（2017）.

条の3)、分別管理が確保されていない場合の売買の禁止（金商法40条の3）等がある。また、投資の最初の段階では各種の規制に関して不慣れであるために、規制当局からの公的調査などのリスクもある。

　次に投資実行段階においては、投資先企業の選定やデューデリジェンス、投資のストラクチャー決定、買収のための資金調達方法など、これらの誤りを根拠に投資家が損害賠償請求をすることがある。また、投資ファンドの代わりに投資先企業との間で株式購入契約（share purchase agreement）を締結するファンド・マネージャーとしては、投資先企業の不誠実な行動や偶発債務などの存在によって不測の損害を被ることがあり得るので、そのリスク管理の不備を指摘されて投資家から損害賠償請求される可能性もある。金商法においては、投資家のために忠実に投資運用業を行わなければならない忠実義務があり（金商法42条1項）、投資家に対して善良な管理者の注意義務をもって投資運用業を行わなければならない善管注意義務がある（金商法42条2項）。また、複数のファンドを運用するPE会社が運用財産相互間において取引を行うことは許されていないので（金商法42条の2第2号）、ある運用財産に属する財産を他の運用財産として買い取るファンド間の売買などは許されないことなどに注意が必要である[8]。さらに、より望ましいポートフォリオを作るために、投資対象会社一社当たりの投資上限や投資対象分野当たりの上限、あるいは投資対象地域当たりの上限が組合契約に規定されることがあるので、そのガイドラインから逸脱した投資をすることで債務不履行責任を問われることもある。

　そして、企業価値向上段階に入ると投資先企業の経営に深く関与するために、各投資先企業に役員を派遣して企業価値向上や事業再生に取り組むことになる。会社法においては、派遣役員は派遣先企業に対して善管注意義務を負い（会社法330条、民法644条）、忠実義務を負担することになる（会社法355条）。このとき、一人の派遣役員が複数の投資先企業の役員に就任することがある。そして、この派遣役員は、業務上はファンドの利益のために派遣されるわけである

8　藤瀬裕司『実務総合解説：ファンドビジネスと金融商品取引法』299頁（日本経済新聞出版社，2008年）。

が、会社法上は投資先企業の役員としての地位にあるので、投資先企業の利益のために経営判断あるいは業務執行しなければならない。また、注意を忘れがちな投資先企業の機密情報に関しても、派遣役員が PE 会社の他のメンバーにどのように情報開示すべきかの取決めに従わなければならない。このように必然的に利益相反の可能性がある立場に立たされる派遣役員に関する保険事故はよくみられる[9]。

　最後に出口段階までくると、株式の売却、新規株式公開、あるいは投資が上手くいかなかったケースでは、評価損の計上や清算、倒産処理というのもある。このような場面では、株式価値評価の誤り、目論見書の虚偽記載、倒産処理における役員の責任追及による損害賠償請求が想定される。

　株式の売却においては、非上場会社の株式の流動性が低いので、その分流動性ディスカウントとして評価額が割り引かれることがあり、評価実務において主観的判断が入りやすい難しい部分があり紛争が生じやすい。また、新規株式公開では、虚偽記載等のある有価証券届出書を提出した会社の役員は、当該虚偽記載により生じた損害を賠償する責任を負う（金商法 21 条 1 項 1 号）。役員が虚偽記載等のあることを知らず、かつ相当な注意を用いたにもかかわらず知ることができなかったことを証明した場合は免責される（金商法 21 条 2 項）が、その立証は容易でないであろう。目論見書に虚偽記載等がある場合にも同様の損害賠償責任がある（金商法 21 条 3 項）。さらに、投資先企業の倒産の場面では、債権者が役員に損害賠償責任を問う場合の第三者訴訟（会社法 429 条 1 項）や管財人等が役員に損害賠償責任を問う場合の倒産処理手続きもあり（破産法 178 条、民事再生法 143 条、会社更生法 100 条）、派遣役員の賠償責任リスクは複雑である。そして、利益相反取引の観点では、同じファンド・マネージャーによって運用されている複数のファンドが投資している投資先企業の出口戦略においては、出口のタイミングしだいでファンドの間で利益相反が生じることもあるので慎重な判断が求められるであろう[10]。

9　Wolff & Walker, *supra* note 7, at 77.

10　Technical Committee of the International Organizational of Securities Commissions, *Private Equity Conflict of Interest*, Consultation Report 21 (2009).

　以上、投資活動の四つのステージで、それぞれ異なるリスクがあるわけだが、各段階に一つの保険でうまく対応するのが PE 会社向けの専門業務賠償責任保険になる。そして、PE 事業の特徴を踏まえた保険約款の構成になっており、それを引き受ける保険者も保険引受実務や事故処理実務について熟練していることが多い。

③ PE 会社の利益相反性と忠実義務

　今までみてきたように、ファンドの投資活動の過程において、様々な賠償責任リスクが存在するわけであるが、利益相反を回避する観点でも次のような実務対応が提案されている[11]。たとえば、PE 会社と投資家の契約内容として、投資のストラクチャー、投資戦略、手数料や費用の配分、投資機会の配分、共同投資の取決め、利益の分配、投資家への報告書の内容や頻度など詳細に規定しておく。そして、情報開示については投資家の大小にかかわらず、すべての投資家に明瞭かつ公平に行う。また、アドバイザリー・ボードを設置して利益相反取引をモニタリングするなどが考え得る対応であるとされる。

　とくに複数のファンドを運用する PE 会社としては、ファンド間の利益相反には気をつけなければならない。典型的なビジネスモデルとして、一つ目のファンドの投資額が出資約束金額（commitment）の 75％〜90％に達するまでは、ファンド間の利益相反を回避するため、同じ戦略のファンドを立ち上げるのは避けることになる。しかし、それでも利益相反は生じることがあり、一つ目のファンドの出資額が出資約束金額に達しないうちは、どちらのファンドがどれだけ投資するかの配分に関する問題を内包していることになる[12]。なぜなら、存続期間 10 年のファンドの場合、PE 会社の最初の 5 年の投資期間（investment period）において、年間マネジメント・フィーは出資約束金額の 1〜2％に設定されていることがあり、残りの期間 5 年は実際の投資残高に対して年間 1〜2％と設定される。このようなマネジメント・フィーの設定において、PE 会社は投資期間の 5 年を過ぎた時点で、投資の回収が進み、投資残高

---

11 *Id.* at 11-12.

12 *Id.* at 15.

が減り、マネジメント・フィーが下がるため、新しいファンドを組成するインセンティブが生じることになり、既存のファンドと新しく組成されたファンドの間で利益相反が生じやすくなる。マネジメント・フィーは PE 会社の各種経費を賄うためのものなので、割合ではなく必要な経費として予算化する方法もあるが、あまり浸透していない[13]。また、成功報酬（carried interest）は、事前に設定したハードル・レート（hurdle rate）を上回った利益の 20% を PE 会社が受け取ることになっていることが多いが、いろいろな計算方法や支払方式があり、投資家に有利な契約内容にして十分な情報開示もしておかないと紛争の火種になる。

そして、PE 会社が投資運用事業者または特例業務届出者として自己運用を行う場合、投資家に対して善管注意義務を負っている（金商法 42 条 1 項 3 号、同条 2 項、63 条 11 項）。PE 会社の行う投資判断については合理的な裁量があると考えられるが、どのような場合に義務違反となるか明確ではないので、投資対象について十分な情報収集および分析を行い、利益相反を排除したうえで投資判断を行うことになる[14]。PE 会社としてはできるだけ責任を軽減しておきたいと思い、特約などで手当てしようと試みるかもしれないが、日本法においては金商法の善管注意義務を免れることはできないであろう。

また、匿名組合がファンド等投資スキームとして利用される場合、匿名組合員の権利保護のため匿名組合契約に一定の重要な行為について匿名組合員の承認を必要とする規定を置くこともあるようなので[15]、義務違反のないように注意しなければならない。そして商法上、匿名組合の善管注意義務に関する規定はないが、民法上の組合に関する規定（民法 671 条、644 条）が類推適用され、善良な管理者の注意をもって管理にあたることを要すると解したり[16]、信託法上の信託行為と同じなので、信託法における善管注意義務をもって処理するこ

13　淵田康之「ベンチャー投資の専門性とディシプリン」資本市場クォータリー 3 巻 3 号 9 頁（2000年）。

14　福田・前掲注 5　110 頁。

15　安保智勇「匿名組合に関する若干の問題点」棚瀬孝雄ほか編「権利実行化のための法政策と司法改革：小島武司古稀〈続〉」863 頁（商事法務，2009 年）。

16　服部栄三『商法総則・商行為法講義』184-185 頁（文眞堂，1978 年）。

とを要すると解したりすることもあるので[17]、義務違反にならないような承認ルールの策定は必要になると思われる。

　さらに、PE 会社が投資先企業に役員を派遣する場合、ファンドにも投資先企業にも利益をもたらすかもしれないが、事案によっては当該派遣役員にとって大きな賠償責任リスクが内在していることを理解する必要がある。前述のとおり、投資先企業に PE 会社から派遣された役員は、当然に投資先企業に対して善管注意義務を負い、忠実義務を負担している。よって、投資先企業の利益を損ないファンドや PE 会社の利益を優先した場合には投資先企業に責任を負い、投資先企業の他の株主から代表訴訟を提起されるかもしれない。より複雑な想定は、複数の投資先企業に派遣された場合に、それらの投資先企業が競合関係に直面したような場合は、複数の会社に対して忠実義務を負うことになり、当該派遣役員は難しい立場に立たされることになる。また、機密情報の取扱いに関しても、それが開示されることで会社の業務執行に支障をきたすようなものであれば、派遣役員は派遣元の PE 会社を含めて第三者に開示してはならない。あまり意識されることなく、PE 会社が派遣役員に対して投資先企業の機密情報を開示するように指示することもあるので、あらかじめ、契約において制限を設けたり、特別な守秘義務条項を入れたりすることも考えられる[18]。派遣役員はこのような忠実義務の問題を確認し、自らどのような法的義務を負うのかを意識しておく必要がある。

　また、利益相反問題がありそうな場合は、独立した弁護士に助言を求めることも必要かもしれない。とくに忠実義務に関しては、古くから英米では信託思想が浸透しているといわれ[19]、取締役の法的地位は受託者としての地位であり、代理人ではない[20]、という考えが定着しているとされる。この点、わが国の企業社会は、労働契約を締結している生え抜きの従業員がそのまま委任契約の会

17　田中誠二『コメンタール商行為法』225 頁（勁草書房，1973 年）。
18　金丸和弘ほか編『ジョイント・ベンチャー契約の実務と理論』175 頁〔荒井太一〕（きんざい，2017 年）。
19　高柳賢三「不在株主の保護と受託者倫理」法曹時報 2 巻 1 号 2 頁（1950 年）。
20　山口幸五郎「アメリカ会社法における取締役の責任」法学論叢 58 巻 3 号 64 頁（1953 年）。

社役員になることが多いので、どうしても忠実義務や信認義務の理解が薄弱であるというのは明らかである。さらに、大陸法的思考では委任関係における受任者の義務について注意義務のみが強調され、信認関係から生じる義務の存在が見過ごされやすいといわれ[21]、この点、派遣役員は強く意識しておくべき観点だと思われる。そして、このような法的論点に基づき賠償責任が発生した場合に備えて、投資先企業に役員の防御費用などを補償する会社補償が存在しているかどうか、あるいはD&O保険が締結されているかどうかの確認も必要である。そして、もしどちらも機能しない場合に備えてPE会社が付保するODL補償が必要になるわけである。

　このように忠実義務を意識したPEファンドの運営は非常に重要であることは理解できるが、当のPEファンドがそのことを踏まえてPE会社向けの専門業務賠償責任保険を購入しているかは定かではない。よくあるのは、ヨーロッパにある子会社が法令や規制により保険加入が強制されているため日本でも購入を検討する場合、あるいはアメリカの実務で保険手配が当然なのでとりあえず保険手配を試みる場合が多いと思われる。しかし、忠実義務違反を問われるリスクを中心に、PEファンド事業は多様で複雑なリスクにさらされているのは明らかである。そして、このようなリスクに適切に対処するために保険の役割の理解を通して忠実義務を中心としたリスクを再検証することも必要ではないだろうか。このことは保険を購入する側にも保険を提供する側にも必要なことだといえよう。

第3節　AM会社向け専門業務賠償責任保険

1 AM事業のための保険約款の構成

　AM事業、すなわちアセット・マネジメント事業とはその言葉のとおり、資産（assets）を管理・運用（management）することを代行する事業になる。よって、AM会社向けの保険の対象業務は、株式、債券、投資用不動産などの

21　星川長七「取締役の忠実義務と責任についての一考察」早稲田法学38巻3・4号181頁（1963年）。

管理・運用を行う投資信託委託業や投資顧問業等になる。わが国において、投資信託委託業に対する規制には投資信託法があり、投資顧問業に対する規制には金商法があるが、その他 PE 事業と同じように、金融サービス提供法等の規制も関係してくる [22]。

　AM 会社は、投資信託委託業と投資顧問業の双方を営んでいることも多く [23]、AM 会社によっては顧客からの預かり資産（assets under management, AUM）が総額 10 兆円を超えるところもある。それだけ責任ある事業であり、また AM 会社にとってはリスクのある事業ともいえる。また、不動産投資信託でも一般投資家が積極的に投資するようになったものの、投資法人のスポンサーである親会社の不動産物件を割高な価格で買うなどの、投資家ではなく親会社の利益を優先させるという利益相反問題もあり [24]、徹底した情報開示が求められ [25]、ビジネスモデルに構造的な利益相反性を内包したリスクがあるともいえる。

　投資信託委託業務と投資顧問業における投資一任業務の違いがわかりにくいが、投資信託は投資信託委託会社が事前に運用方針を約款や目論見書等に定め投資家に提示し、その内容を受け入れる投資家のみから資金を集めて資産運用を行う附合契約であり、一方、投資一任業務は投資家との個別委任契約に基づき、投資家の代理人として投資判断を行う業務である。よって、投資判断を行う場合、投資信託委託業は AM 会社が法令と約款の範囲内で自ら投資判断を行い、投資家に対して投資判断の適正性など確認することはないが、投資一任業務の場合、AM 会社が投資判断において委任の本旨に適合した投資であるか迷う場合は、投資家に確認して判断する必要がある [26] という違いがある。

　また、投資信託委託業務では顧客の資産を保管し管理することになるが、投

22　アメリカにおける，これらの業務は 1940 年投資会社法（Investment Company Act of 1940），1940 年投資顧問業法（Investment Advisors Act of 1940），1933 年証券法（Securities Act of 1933），1934 年証券取引所法（Securities Exchange Act of 1934）等によって規制されている。

23　1998 年の投資信託法と投資顧問業法の改正により，投資信託委託業務と投資一任業務の兼営が認められており，同じ AM 会社で両業務を兼業していることがある。

24　児島幸治「日本版不動産投資信託（J-REIT）における利益相反問題」商学論究 63 巻 3 号 363-366 頁（2016 年）。

25　浅野裕司「現代信託法における不動産投資信託」東洋法学 45 巻 1 号 14 頁（2001 年）。

26　河村賢治ほか『投資顧問業の法務と実務』28 頁（きんざい，2006 年）。

資一任業務では資産の保管責任を負わないので〔図表7-4〕、リスクの性質も異なるであろう。さらに、投資顧問業には投資助言業務があり、投資のアドバイスのみ行い投資判断は投資家自身が行うものである。

〔図表7-4〕投資信託委託業務と投資一任業務の相違

投資信託委託業務

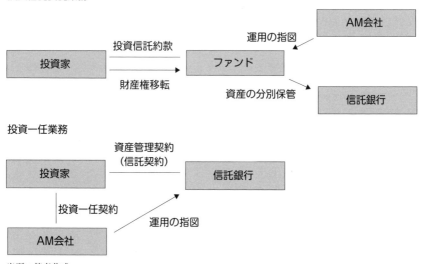

出所：筆者作成。

　保険約款の構成は、基本的にPI保険とD&O保険の補償の組合せになっており、犯罪保険（crime insurance）の補償も追加されていることがある。当然、AM事業に合致した保険約款の構成になり、過去のいろいろな事例における不都合を修正しながら進化を遂げている。とくに、サブプライム危機のときに、様々な保険金請求事例を経て、その後、保険約款も改善され先端的な内容になってきている。補償条項は、信認義務違反、契約違反、不実記載、業務過誤、経営判断の誤りなどに起因する損害賠償請求に対する補償になっており、規制当局からの調査に対応する各種費用も補償される。そして、従業員や第三者の犯罪行為による自社の損害、すなわち、賠償責任リスク以外の財物リスクも補償されていることがある。

　実際に発生している保険事故の事例では、ある保険ブローカーがロンドンにおける126件の事件を集計したデータが参考になる[27]。〔図表7-5〕が示すように全体の保険事故の報告に占める各種事例の割合では、事務過誤、取引過誤、投資指図の違反などが多い傾向がある。これらの事象に対して保険が有効に機能することになり、AM会社のオペレーショナル・リスク管理として保険を有効活用できることが理解できるであろう。

〔図表7-5〕AM業務で2006年から2013年に事故報告された事例

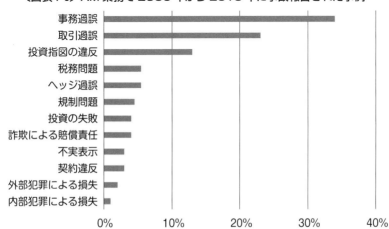

出所：Marsh FINPRO, *An Enhanced Insurance Protection for InvestmntManagers*（2015）を
　　　もとに筆者作成。

2 保険約款の免責条項と補償内容

　投資信託委託業務や投資一任業務あるいは投資助言業務には複雑な賠償責任リスクがある。そこで、AM会社向け保険約款から、どのようなリスクが議論されてきたか、補償内容や免責条項について検証し、保険約款の特徴を浮き彫りにしたいと思う。

　まず、手数料免責（fee exclusion）というのが多くのAM会社向けの専門業務賠償責任保険約款にみられる。そして、次のような約款文言例がある。

27　Marsh FINPRO, *An Enhanced Insurance Protection for Investment Managers*（2015）.

> Fees, Commissions or Other Compensation Exclusion
> "The insurer shall not be liable to make any payment for loss in connection
> with any claim for the return or reimbursement of any fees, commissions
> or other compensation for any asset management services rendered or
> required to be rendered by the insured; provided, however, that this
> exclusion shall not apply to defense costs."

> 料金、手数料その他報酬免責
> 「当会社は、被保険者が提供したまたは提供する義務のある資産管理業務
> に対して支払われる料金、手数料、その他報酬の返還を求める損害賠償請
> 求に起因する損害に対して保険金を支払いません。ただし、この免責は防
> 御費用には適用されません。」

　一見、どのような事例を想定して、このような免責条項が規定されているの
か理解するのが難しい。たしかに、日本の実務や法令を想定する限り、具体的
な保険免責の事例を示すのが困難な免責条項といえる。しかし、アメリカにお
いては信認義務違反に関する重要な争点となる免責条項であり、過去にこの手
数料に関する投資家と AM 会社の間の裁判例は多い。

　まず、日本においては、1941 年にイギリスのユニット・トラストに範をとっ
て投資信託を導入した経緯から契約型が多いが、アメリカでは、1920 年代に
当時イギリスで主流であった会社型を導入しており[28]、アメリカの AM 会社
を規制する法律も 1940 年投資会社法（Investment Company Act of 1940）にな
る。そして、1940 年投資会社法 36 条（b）[29] において、投資助言者等に支払
われる報酬に関して厳格な信認義務を負わされることになっている。この条文
においては、証券保有者が報酬に関して信認義務を負う投資顧問会社に対して
信認義務違反を主張して訴えることができることが規定されている。すなわち、

---

[28]　杉田浩治『投資信託の世界』108-109 頁（きんざい，2019 年）。

AM 会社が提供するサービスに対して、対等な当事者間での交渉ではあり得ないほど、不釣り合いに過剰な手数料を AM 会社が受領している場合に、信認義務違反を問うことが可能になる。

　そして、2003 年から 2004 年に発生したミューチャル・ファンドのスキャンダル[30] に続くように、手数料に関する多くの訴訟が提起されている[31]。しかし、過剰な手数料に関して信認義務違反を問う多くの訴訟が提起されているにもかかわらず、裁判所は原告の主張を否定してきている[32]。このように、過剰な手数料に起因する信認義務違反を問う訴訟は、多くの場合に原告にとって勝ち目がないように思われる[33] にもかかわらず、なぜ訴訟が提起され続けるのであろうか。

　これには原告弁護士が原告に訴訟提起を促す要因があると考えられる。不思議なことに 1940 年投資会社法 36 条 (b) の訴訟は、投資家個人が損害を回収するための個人の訴訟ではなく、集団訴訟（class action）でも伝統的な派生訴訟（derivative action）でもない[34]。この訴訟による賠償金は、投資家個人に支払われるわけではなく、ファンドに支払われることになり、和解をしても原告

---

[29]　BREACH OF FIDUCIARY DUTY

　Sec. 36 (b)

　"For the purposes of this subsection, the investment adviser of a registered investment company shall be deemed to have a fiduciary duty with respect to the receipt of compensation for services, or of payments of a material nature, paid by such registered investment company, or by the security holders thereof, to such investment adviser or any affiliated person of such investment adviser.（中略)"

[30]　ミューチャル・ファンド（Mutual Fund）とはアメリカにおける投資信託のことで、レイト・トレーディング（late-trading）やマーケット・タイミング（market-timing）という不正な取引について当局により摘発されスキャンダルの当事者となった。

[31]　ICI Mutual, *Mutual Fund D&O/E&O Insurance: A Guide for Insureds*, ICI Mutual Risk Management Study, April 2009, 27 (2009).

[32]　Jones v. Harris Associations L.P., 559 U.S. 335 (2010); Santomenno v. John Hancock Life Ins. Co., No. 13-3467 (3d Cir. Nov. 24, 2014); Reso v. Artisan Partners Ltd. P' ship, No. 11-cv-873 (E.D. Wis. 2011); Wayne County Employees' Ret. System v. Fiduciary Mgmt. Inc. No. 2:15-cv-01170 (E.D. Wis. 2015).

[33]　Stewart L. Brown, *Mutual Fund Advisory Fees: An Objective Fiduciary Standard*, 21(3) University of Pennsylvania Journal of Business Law 477, 479 (2919).

[34]　Quinn Curtis & John Morley, *The Flawed Mechanics of Mutual Fund Fee Litigation*, 32 Yale Journal on Regulation 1, 20 (2015).

以外の投資家を拘束するわけでもない[35]。さらに投資家や SEC が原告となって訴訟提起できるが、ファンド自体が訴訟提起することができない[36]。そして通例、集団訴訟や代表訴訟における和解内容は裁判所によって検証され、他の株主を拘束するが、36 条（b）の場合は裁判所の判断なしで和解が可能で、原告は和解金を受領したかどうかの開示も不要ということである[37]。要は、原告がファンド全体のために損害を回収するための訴訟を提起できるが、結局その原告が和解金を受け取るため、自分自身だけのために和解ができることになる。このような背景があるため、AM 会社にとっては和解内容が開示されないので、自らの評判に悪影響が及ばないためにも和解を好む傾向があり、原告弁護士としても原告に訴訟提起を勧めることにより、弁護士報酬獲得の機会を得ることができるという利点があることになる[38]。

　以上の経緯もあり、とくにミューチャル・ファンドのスキャンダル以降の手数料に関して信認義務違反を問う訴訟の増加のために、多くの保険約款において手数料免責の条項が挿入されるようになっている。しかも、仮に手数料免責が約款に存在していないとしても、保険者は不法に取得した利益や便益（illegal profit or advantage）ということで、公序に反して保険で補償できない（uninsurable）ので免責であると主張してくるであろう[39]。よって、被保険者としてはせめて防御費用だけでも確保できるように、保険約款を修正しておくことが必要になる。とくに、アメリカにおける手数料に関する訴訟において、原告弁護士の費用より防御弁護士の費用のほうが 2 倍から 3 倍高額という傾向があるといわれている[40]。よって、なおのこと手数料の訴訟における防御費用の補償は被保険者として確保しておきたいところである。

　そして、わが国においても過剰な手数料をとられているということで、投資

35　*Id.*

36　*Id.*

37　*Id.* at 20-21.

38　ICI Mutual, *Section 36（b）Litigation Since Jones v. Harris: An Overview for Investment Advisers and Fund Independent Directors*, ICI Mutual Litigation Overview, July 2016, 12 (2016).

39　ICI Mutual, *supra* note 31, at 12.

40　ICI Mutual, *supra* note 38, at 10.

家が訴訟提起することはあり得るであろう。ファンドの構造も含めて手数料に関して十分に情報開示がなされていないとか、信義則に反するほど過剰な手数料が設定されているなどということもあるかもしれない。また、双方が十分に納得した金額で合意されている場合ばかりとは限らない。昨今、情報提供義務違反、説明義務違反、助言義務違反、適合性原則違反など、AMファンド側に対する責任追及の法理は多様化しており、この点も看過できないほど重要である。基本的に投資家がAMファンド側を信頼して依存している状況がある限り、リスクはある。よって、被保険者としては手数料免責を設定しないことが望ましいし、せめて手数料に起因する損害賠償請求においても防御費用の補償は確保しておく必要がある。

　AM会社向け保険約款について手数料免責の論点以外で確認しておくべき点を、あと三つ検討しておきたい。これらの補償の有無はAM会社にとって優先順位が高い検討事項と思われるからである。

　まずは、規制当局による調査に対応する費用の補償である。とくにAM会社等に対する調査対応の費用は高額になることがある。規制当局も複雑な投資のストラクチャーに対して包括的な調査を実施し、各種指導や行政罰、刑事罰の執行を検討する。わが国でもAIJ投資顧問事件のように投資一任と投資信託を組合わせたストラクチャーのために、運用の失敗を見抜けないというケースもあり[41]、規制当局の調査もかなり包括的で複雑なものにならざるを得ない。よって、そのような規制当局の調査に対処するAM会社側もかなりの調査対応費用が想定されるので、保険約款における請求（claim）の定義に規制当局の調査も含まれていることや、補償条項に当局調査が含まれていることを確認しておく必要がある。

　次に詐欺に起因する損害賠償請求に対する補償である。詐欺に起因する事案はそれほど多くはないと思われるが、ミューチャル・ファンドのスキャンダルのときには、AM会社が連邦証券法違反等で提訴されている。詐欺に関する免責は、保険約款に明確に規定されているが、問題は被保険者に詐欺行為があっ

41　三好秀和「AIJ投資顧問事件の構造的研究」立命館ビジネスジャーナル7号9頁（2013年）。

たのかどうかが曖昧な事案が多いので、被保険者と保険者の間で解釈に関する
紛争が生じることが多い。この点、詐欺免責条項にはいくつか種類があり、詐
欺であると主張されただけで免責が適用されてしまう文言、保険者が詐欺の事
実を証明した場合に免責を主張できる文言、裁判所の確定判決で詐欺の事実が
確定した場合のみ保険者が免責を主張できる文言がある[42]。当然、被保険者と
しては最後の確定判決免責を確保するための交渉を保険者とすることになる。

　最後に防御費用に関する補償であるが、とくに規制当局の調査や民事訴訟は
最終的な決着まで複数年かかることが多い。そのような場合、最終の確定判決
や和解に至る前に、訴訟が継続する間の防御費用が必要になる[43]。よって、防
御費用の前払い規定が保険約款にあるかどうかも重要な点になる。また、保険
約款により異なるが、ある一定の状況においては防御費用の前払いを保険者が
留保できる文言もあり得る。明らかに保険約款では補償されるであろう合理的
根拠がある場合のみ保険者は前払い義務を負うというもの[44]、あるいは保険者
に保険金支払の責任がないことが証明されれば、保険者に支払われた前払い金
を返還することを約束する書面を条件として支払うというもの[45]などがある。
いずれにしても保険約款の文言しだいのところもあり事前に検証しておくべき
点だと思われる。

③ 拡大する信認義務の概念とリスク

　投資信託委託業や投資顧問業に関する全体の枠組みは投資信託法や金商法に
規定されているが、AM 会社の投資運用業に関する行為規制は、金商法におい
て忠実義務（金商法 42 条 1 項）と善管注意義務（金商法 42 条 2 項）に規定され
ている。また、投資運用業に関して特別の禁止規定（金商法 42 条の 2）も存在
し、自己取引や運用財産相互間の取引等が禁止行為として規定されている。

　ここで、問題になるのは AM 会社として忠実義務と善管注意義務、その他
禁止規定以外にも信認義務も負うのではないかという点である。信認義務は忠

---

[42]　ICI Mutual, *supra* note 31, at 31.

[43]　*Id.* at 18.

[44]　Brown v. American International Group, Inc., 339 F. Supp. 2d 336, (D. Mass. 2004).

[45]　American Medical Sec. v. Executive Risk Specialty, 393 F. Supp. 2d 693 (E.D. Wis. 2005).

実義務と類似する概念、あるいは同じ概念といってもいいかもしれないが、わが国では善管注意義務と忠実義務が同質であるとする議論があるぐらいなので、あえて信認義務と忠実義務の差を強調しておくことは重要だと思われる[46]。すなわち、忠実義務は信認義務の内側に含まれており、一方、信認義務の概念は忠実義務より広がりがあると考えることができる。アメリカの会社法でも信認義務は忠実義務（duty of loyalty）と善管注意義務（duty of care）で構成され、情報開示義務（duty of disclosure）等も含めて広がりを持つとされる[47]。とくに最近では誠実義務（duty of good faith）も忠実義務から派生して形成された信認義務の一種であることが主張されている[48]。あるいは、資産運用の世界でも、信認義務には忠実義務と思慮深さの義務（duty of prudence）が主なものとされるものの、ESG投資の観点でも伝統的な概念に留まるものではなく、進化し続けているものとされている[49]。

　そして、信認義務は日本の実定法には存在していないが、その概念は決して閉じられたものではなく、今後の判例の展開にゆだねられた適用範囲の拡大可能性を秘めたものといわれている[50]。アメリカ法などでも信認関係の形成には直接の契約関係は不要であり[51]、当事者の意思とは無関係に信認関係が形成さ

---

[46]　信認義務と忠実義務を同義と説明することが多いが，信認義務には忠実義務，注意義務，誠実義務等があるので，忠実義務より信認義務のほうが義務の射程が広いといってよいと思われる。論者によって，あるいは同じ論文の中でも信認義務と忠実義務が併存していることが多く，信認義務の理解を曖昧にすることに拍車をかけることになるので，概念の違いを強調したほうがよいと思われる。さらにいうのであれば，わが国には民法の契約責任と不法行為責任があるので，信認義務という英米法からの借り物を持ち出すまでもないという見解もあるであろう。しかし現実の金融取引における紛争解決には，契約文言に拘泥している限り，あるいは事業者側の過失の有無や行為と損害の因果関係等のみに注目している限り適切な解決策を導けないこともある。よって，信認義務の存在価値を認めて議論を深化させることには十分価値があると思われる。今後，さらなる検討を継続したい。

[47]　Bernard S. Black, *The Principal Fiduciary Duties of Board of Directors*, Presentation at Third Asian Roundtable on Corporate Governance, 1 (2001).

[48]　William M. Lafferty et. al., *A Brief Introduction to the Fiduciary Duties of Directors Under Delaware Law*, 116 (3) Penn State Law Review 837, 847 (2012).

[49]　Rory Sullivan et al., *Fiduciary Duty in the 21st Century Final Report*, PRI & UNEP FI, 12 (2019).

[50]　道垣内弘人『信託法理と私法体系』101頁（有斐閣，1996年）。

[51]　田岡絵里子「信認関係概念とその拡大現象の分析（一）―なぜ契約だけでは足りないのか―」早稲田法学会誌59巻1号248頁（2008年）。

れ、一方当事者が信認義務を負うことになることが特徴としていえる。それは、フィデュシャリー・デューティー（fiducially duty）を、委託契約を想定した「信任義務」ではなく、契約関係の存在しない場合にも適用されることがある「信認義務」と表記していることにも表れている[52]。大陸法の契約概念しか有しない日本法において理解するのは難しいのかもしれないが、信頼とそれに応える誠実が基本思想にあり、英米では信託の血となり肉となっている概念といえる[53]。

　これを AM 会社の事業の観点でみると、投資信託であるなら、専門性のある投資信託委託会社である AM 会社と投資家の間には、ファンドという複雑な仕組みを通して、投資家が AM 会社を信頼して託すという関係性があり、明らかに委任関係のみならず信認関係が形成されているので、AM 会社は投資家に対して信認義務を負うことになる[54]。さらに、投資家は投資信託約款に基づき金銭をファンドに拠出して運用してもらうわけであるが、AM 会社と信託会社は委託者と受託者という信託関係があり、また、投資家と AM 会社との間にも信託関係があるとすると二重の信託関係としても理解できる[55]。このように考えると、投資家と AM 会社の関係は委任契約ではあるものの、信託関係あるいは信認関係も形成されているということで信認義務を負うことであろう。

　一方、投資顧問業務においては、投資一任契約は民法の委任契約（民法 644 条）であるので、AM 会社は善管注意義務を負い、なおかつ金商法において忠実義務を負っている（金商法 41 条）。そして、イギリスやアメリカのビジネスモデルや投資手法を参考にして日々業務を行っているので、やはり投資家と AM 会社の間には信託関係あるいは信認関係があるといってよいのではないだろうか。その結果、信認義務を負うことになろう。

---

[52]　四宮和夫『信託法〔新版〕』67-68 頁（有斐閣，1989 年）。
[53]　能見善久『現代信託法』4 頁（有斐閣，2004 年）。
[54]　行澤一人「投資家保護と法的問題点」蝋山昌一編『投資信託と資産運用』87-88 頁（日本経済新聞社，1999 年）。
[55]　浅野裕司「投資信託の法理と運用上の問題点」比較法 27 号 76 頁（1990 年）。

　このように考えると、AM会社のリスクの広がりは意外に広範にわたることになる。昨今、とくに世界の投資運用業者に対して、現代化された信認義務は、環境、社会、ガバナンスを投資判断に具体化していくことが要請されており、いわゆるESG投資というものを基礎に、社会の持続可能性を意識した投資や、投資先に高度なESGのパフォーマンス向上を促す投資、金融システムの安定や回復力を支援する投資、また、その投資手法の情報開示が必要になるといわれる[56]。今後このような高度な信認義務というものがAM会社にとって予測が困難なリスクをもたらすことは確かなわけで、そのようなリスクに対してAM会社向けの専門業務賠償責任保険の役割は高まっていくものと思われる。

　さらに昨今、わが国においても法令では忠実義務を課されていない投資信託の販売会社に、金融行政において信認義務を想定している傾向もある[57]。もちろん、わが国には信義則の概念があるので、販売会社に英米法上の信認義務を観念する必要性はないという意見[58]もあるが、今後、販売会社にも信認関係が広がることになれば、投資信託委託会社も一緒に被告に含めて訴訟が提起される事案も増えてくるであろう。英米法においては、とくに受託者の受益者に対する信認義務は、代理人と本人、弁護士と依頼人、医者と患者、取締役と会社などの関係における信認義務とは一線を画した高度な義務と認識されている[59]ので、販売会社の義務違反に起因して生じる事案で、投資信託委託会社にも責任追及がおよぶシナリオは想定でき、今後ますます受託者としてのリスクは拡大していくものと思う。

　このような信認義務概念の拡大においても、アメリカ型の先端的なAM会社向け専門業務賠償責任保険は機能するように構成されている。今後、資産運用事業の拡大と並行して広がりを持つ信認義務に対して、アメリカ型の専門業務賠償責任の構造を理解して活用していくことは、AM会社のリスク管理にも

56　Sullivan et al., *supra* note 49, at 21.

57　今泉宣親「投資信託を中心とする個人向け投資商品を販売する金融機関のフィデューシャリー・デューティーについての検討」ソフトロー研究26号76頁（2016年）。

58　梅澤拓「「フィデューシャリー・デューティー」をめぐる議論と金融機関の今後の課題」金融法務事情64巻1号37頁（2016年）。

59　海原文雄『英米信託法概論』137頁（有信堂，1998年）。

重要ではないかと思われる。

第4節　小　　括

　本章では、PE 会社向けと AM 会社向けの専門業務賠償責任保険の構造や保険約款の論点、およびそれらに関連するリスクについて分析してきた。この投資ファンドの専門業務賠償責任保険は、アメリカで先行して開発されているわけであるが、資産運用に関する事業はアメリカが先端を行っており、わが国では明らかに遅れをとっているといってよい。そのような状況で、投資ファンドの専門業務賠償責任保険の理解も非常に遅れており、本来あるべき機能を踏まえて活用されているかどうかは疑わしい。

　そもそも保険を販売する保険者において保険の本質が理解されていないと、当然その普及は進まないし、たとえ販売できたとしても投資ファンド側が戦略的に保険を組成し活用することもできない。よって、まずは投資ファンドのビジネスモデルや特有のリスクを踏まえる必要があり、その理解を前提に保険約款の構造や補償内容、免責条項などを検討していく必要がある。

　とくに本稿で明らかになったことは、PE 会社や AM 会社の事業は複雑で高度なものであり、伝統的な信託法の思想が根底にあるビジネスモデルということがある。そして、投資家の資産を預かるという時点で、利益相反性を内包している特徴があり、そのことに起因して賠償責任リスクが顕在化することがある。また、わが国特有の事情で投資信託の販売会社が、新しい投資信託を次々と投資家に販売してしまい、その結果、乗り換えのためにファンドの規模が大きくならない問題があるという[60]。投資信託委託会社と販売会社の間にも利益相反があるような日本の状況ではアメリカのような事業の発展は望めないし、わが国特有のリスクも内在している可能性もある。一方、今後そのような課題も克服し、ファンドの規模が大きくなれば、その分、投資信託委託会社のリスクも増加するので、保険の必要性もさらに高まるであろう。

---

[60]　永沢裕美子「投資信託の現状と課題」個人金融 12 巻 1 号 27 頁（2017 年）。

　また、善管注意義務や忠実義務のみではなく、信認義務という概念も重要で
あり、今後注視していく必要があることが確認できた。投資家と PE 会社およ
び AM 会社は信認関係にあるわけだが、その信認関係には世界的に統一した
理論はないとされる[61]。その上 ESG 投資という新しい概念も登場したために、
ますます信認義務の概念は発展しそうな状況にある。そのような背景を踏まえ
ると、将来の不確実なリスクに果敢に挑むためにも、投資ファンドの専門業務
賠償責任保険の活用の場を大いにあると思われ、今後さらにわが国で理論およ
び実務の双方を定着させていく努力が必要だと思われる。

---

[61]　岩井克人「信任関係の統一理論に向けて―倫理と法が重なる領域として―」経済研究 67 巻 2 号
　　110 頁（2016 年）。

第 **8** 章
上場会社と非上場会社の D&O 保険

第 1 節　序　　説

　2021 年 3 月に会社法が改正され、会社補償（会社法 430 条の 2）や D&O 保険（会社法 430 条の 3）の規定が新設されている。今まで、あまり深く議論されることもなく D&O 保険の契約を継続してきた企業にとっては、D&O 保険のあり方を再検討するよい機会である。

　本章では、上場会社と非上場会社とでは D&O 保険の活用のあり方に関する視点が異なるので、それぞれ分けて論じることにする。まず、上場会社が検討しなければならない役員の賠償責任リスクや、親会社と子会社の D&O 保険のあり方など、あまり議論されてこなかったテーマを中心に課題設定をして、それに対する今後の上場会社 D&O 保険のあり方について模索したい。また、非上場会社における D&O 保険はほとんど議論されてこなかったが、非上場で小規模閉鎖会社であるからこそ生起する事件も多く、上場会社とは異なる視座でD&O 保険というものを考えていく必要がある。

　今まで、上場会社と非上場会社のそれぞれにおける D&O 保険の論点は、あまり分けて整理されてこなかったので、ここではその点を意識して論じていくことにする。

第 2 節　上場会社 D&O 保険の固有の課題

1 上場会社役員の新たなリスク

　昨今、アメリカにおいて上場会社の役員が直面しているリスクの傾向として、イベント発動型（event-driven）の証券集団訴訟が増えている。たとえば、データ侵害や #MeToo 運動、あるいは、大麻事業の業績予測の誤りにより株

価が下落し、その事象に対して適切な情報開示をしなかったことで証券集団訴訟が提起されている [1]。一方、わが国においては証券集団訴訟制度が存在しないために、少額出資の一般投資家にとっては訴訟を提起してまで損害を回収する経済合理性は見出しがたいので、そもそも証券訴訟が活性化しているとまではいえない [2]。ただ、アメリカにおいてスポンサーなし ADR が発行されている日本企業が、アメリカにおいて証券訴訟を提起される事案が生じている [3]。この事案では被告の日本企業が訴えの却下の申立てをしていたが、地方裁判所によって拒否されている。そして、原告がアメリカ国内で ADR を購入しており、被告日本企業が連邦証券法の要件である ADR 取引との「関連性」を十分に満たす関わりがあったことが判示されているようである [4]。

　このような日本企業のスポンサーなし ADR に関する裁判の新たな展開もあり、日本企業が積極的に ADR の取引にかかわっていなくても賠償責任リスクがあることに警戒する必要がでてきている。日本企業の対応としては、預託銀行に対する同意書（letter of consent or non-objection）を拒否することや、ADR の取引に関与していないことを公式に表明することなどが提言されている [5] が、さらに、自社の D&O 保険の補償がアメリカの証券訴訟も対象としているかどうかの確認も重要な点である。とくに、アメリカの証券訴訟はリスクが高いため保険約款においても免責とされていることもあるので、あらためて確認が必要になる。

　また、規制当局の調査に対応する費用の補償が自社の D&O 保険に存在しているかも重要な確認事項である。国内に限らず海外に積極的に展開する企業は、各国の規制当局の調査が行われる可能性が常にある。事案によっては会社のみならず役員個人も調査対象になるわけで、その場合、損害賠償請求に至らずと

1　NERA, *Recent Trend in Securities Class Action Litigation: 2019 Full-Year Review*, 7-8 (2020).

2　大塚和成「なぜ日本では証券訴訟が活発化しないのか：コスト対比ベネフィットの不足と高い立証のハードル」金融財政事情 64 巻 21 号 13-14 頁（2013 年）。

3　Stoyas v. Toshiba Corp., 896 F.3d 933（9th Cir. 2018）.

4　Cleary Gottlieb Steen & Hamilton LLP, *The Latest in the Toshiba Securities Litigation: Perils for Foreign Issuers*, Alert Memorandum 1, 20th February 2020.

5　Norton Rose Fulbright US LLP, *US Securities Law Liability for Securities Issuers Outside of the United States in a Post-Toshiba Environment*, White Paper 2 (2020).

も当局調査に対応するための各種防御費用は必要になってこよう。とくに、わが国においても 2018 年に改正刑事訴訟法が施行されて日本版司法取引（刑事訴訟法 350 条の 2 ～ 350 条の 15）もはじまり、すでに適用された事例もでてきている[6]。事案は非常に複雑なものになっており、そのような場合に D&O 保険はどのように機能するのか想定しておくことは必要になる。

　また、アメリカにおける独占禁止法違反における司法取引にはカーブ・アウト（carve out）[7] という制度があり、会社と司法省が司法取引しようとする際、司法省が特定の役職員を当該司法取引の対象から外すことがある。たとえば、違法行為に直接かかわった職員に加えて、監督責任を果たさず黙認した役員を司法取引から除外して、刑事免責を与えないというようなケースである。この場合は、すでに会社と役職員の利害は一致しておらず、会社とは別に個人として交渉し司法取引する必要があり[8]、自らの防御費用も必要になるので、D&O 保険がその場合に機能するのかも確認しておくことが必要である。

　そして、最近とくに注目されているのがサイバーセキュリティの問題である。在宅勤務が増加している状況で、セキュリティの脆弱性を突いたサイバー攻撃が懸念される。オフィスにおいては、お互いに確認しあったり、相談しあったりすることが可能であるが、在宅勤務においてはそれができないため、サイバー攻撃に対する対応が拙劣にならざるを得ないことがある。

　さらに、ある研究機関が 1975 年から 2018 年までの時価総額で上位 5 社のアメリカ企業の無形資産と有形資産を評価した結果、明らかに無形資産の比重が大きくなっていることがある〔図表 8-1〕。よって今後、企業において、有形資産以上にいかに無形資産を守るべきか、ということがリスクマネジメントの中心課題となっていくことであろう。そして、役員にとってこのような課題は経営判断の問題であり、内部統制システム構築の過程で取締役会において情報セキュリティ体制の整備について議論し決定することが重要になる[9]。

---

[6]　三菱日立パワーシステムズ社の賄賂事件や日産自動車社の虚偽記載事件など。

[7]　「区分けする」という意味。

[8]　渡邊肇『米国反トラスト法執行の実務と対策〔第 2 版〕』169-174 頁（商事法務、2015 年）。

[9]　山岡裕明「情報漏えいと取締役の情報セキュリティ体制整備義務」中央ロー・ジャーナル 14 巻 3 号 116 頁（2017 年）。

〔図表 8-1〕アメリカ企業の時価総額上位 5 社の有形資産と無形資産

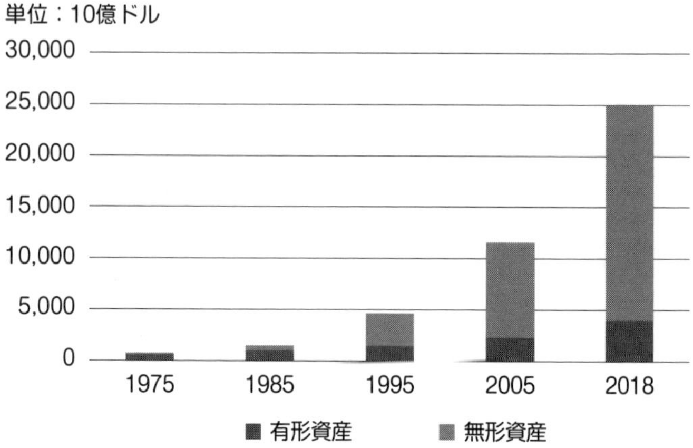

単位：10億ドル

出所：Ponemon Institute LLC, *2019 Intangible Asstes Financial Statement Impact Comparsion Report*,（2019）をもとに筆者作成。

　また昨今、このような情報セキュリティが経営課題であることを示す事例はアメリカで頻発している。たとえば、Yahoo 社は、5 億人の顧客データが流失したことを適切に情報開示しなかったことによって、アメリカ証券取引委員会から日本円に換算すると 35 億円超の罰金を課せられている[10]。また、2017 年 9 月、信用情報サービスの Equifax 社は 1 億 4,700 万人の信用情報を漏えいさせたことを発表し、連邦取引委員会、消費者金融保護局および 50 州と和解に合意しており、和解額には情報漏えいの影響を受けた人々を支援するための 400 億円超の金額も含まれている[11]。このような事件で株価が急落した場合は、その後、株主や投資家から証券訴訟が提起されることが懸念される。このようなリスクに対して、サイバー保険が証券訴訟を明示的に免責としていることもあるので、役員の経営リスクに対しては D&O 保険の確保は必須となる。

---

[10]　Securities and Exchange Commission, Press release, Altaba, Formerly Known as Yahoo!, Charged with Failing to Disclose Massive Cybersecurity Breach; Agrees to Pay $35 Million, 24th April 2018.

[11]　Federal Trade Commission, Cases and Proceedings, Equifax Data Breach Settlement, January 2020.

　以上のように証券集団訴訟、当局の公的調査、サイバー攻撃など、経営者を取り巻くリスクの環境は急速に変化してきているといえる。変化したリスクに対して、それに対応する先端的な D&O 保険が必要になることはいうまでもない。

２ 株主代表訴訟から証券訴訟のリスクへ

　以前から、D&O 保険は常に株主代表訴訟と合わせて議論されることが多かった。しかし、前述のとおりアメリカにおける日本企業に対する証券集団訴訟をみると、日本企業が注意しなければならないリスクも変容しているのかもしれない。実際、わが国における株主代表訴訟の件数自体は減少傾向を示しているようであり〔図表 8-2〕、原告弁護士が採用する訴訟戦術も変化しているのかもしれない。

〔図表 8-2〕全国地方裁判所の株主代表訴訟の新受件数（最高裁調べ）

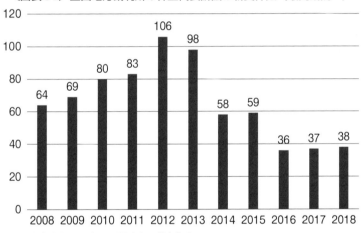

出所：商事法務 2202 号 65 頁をもとに筆者作成。

　たしかに、株主代表訴訟の損害賠償金は、原告である株主ではなく会社に対して支払われることに比較して、証券訴訟は原告に直接支払われることが原告側の訴訟を提起しようという動機に影響を与える可能性はある。実際に会社役員の行為規範の確立や株主および投資家の実質的な救済は、株主代表訴訟から金融商品取引法（以下「金商法」）の民事責任の追及訴訟に移行することが予想

されていた[12]。そして、株主代表訴訟の趨勢をみる限り、それが現実のものとなっているようにも思える。その点、本当にそのような傾向があるのか限られた情報のみで推測の域を出ないが検証してみることにする。

　金商法では、発行市場における役員の責任を規定する金商法 21 条 2 項 1 号において、役員は虚偽記載であることを知らず、相当な注意を用いたにもかかわらず知ることができなかったことを証明できれば免責となる。また、流通市場における役員の責任も同じで過失責任となっている（金商法 24 条の 4・22 条 2 項による 21 条 2 項 1 号 2 号の準用）。この点、会社が負わされている責任（金商法 18 条 1 項、21 条の 2）に比べれば軽いともいえるが、開示書類の作成に関与していな社外役員も含めたすべての役員が同様の責任を負い、開示書類が正確で完全であることを積極的に調査する重い義務が課せられているともいえる[13]。そして、金商法の役員の責任について課徴金納付命令の段階で開示書類の虚偽記載が認定されて、それを前提に損害賠償請求されると、役員に巨額の損害賠償責任が負わされる可能性を考えると役員のリスクは小さくないといわれる[14]。

　一方で、証券訴訟の件数は増加傾向にあるものの、特定の企業に対する複数の訴訟が提起されていることもあり、わが国おいて証券訴訟が役員の責任追及の手段として一般的になったとまではいえないと示唆される[15]。また、会社に対する証券訴訟において、役員も被告に含める事案はそれほど多くないということであり[16]、アメリカのように会社と役員を被告とした証券訴訟が常態である〔図表 8-3〕、ということにはなっていない。このような状況を踏まえると、かならずしも株主代表訴訟から証券訴訟に役員の責任追及が移行しているとまでは言い切れないかもしれない。

---

[12]　山田泰弘「役員等の会社に対する責任・株主代表訴訟による法実現の検証」法律時報 82 巻 12 号 19 頁（2010 年）。

[13]　近藤光男『株主と会社役員をめぐる法的課題』268 頁（有斐閣、2016 年）。

[14]　近藤・前掲注 13　272 頁。

[15]　後藤元「流通市場の投資家による証券訴訟の実態」金融商品取引法研究会編『金融商品取引法制に関する諸問題（下）』26 頁（日本証券経済研究所、2018 年）。

[16]　後藤・前掲注 15　29 頁。

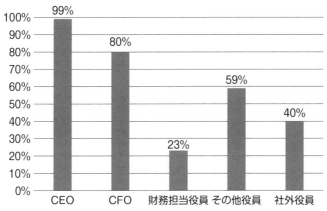

〔図表 8-3〕アメリカ証券訴訟で会社とともに被告にされる役員の頻度

出所：Michael Klausner and Jason Hegland, *How Protective is D&O Insurance in Securities Class Actions?* 23(2)PLUS Journal Reprint 2 (2010) をもとに筆者作成。

　ただし、金商法や海外の各種証券取引法には他のリスクがあることは忘れてはいけない。それは課徴金である。金商法の課徴金制度は、法が定める一定の金融商品取引違反を行った者に対して、違反行為により利得した金額相当額を基準にした法定の金額を国庫に納入させるものである。たとえば、発行開示書類の不提出等による募集・売出し等（金商法 172 条・172 条の 2 第 6 項）や虚偽記載等のある発行開示書類の提出等による募集・売出し等（金商法 172 条の 2 第 1 項から 5 項）については発行価額・売出価額の 2.25％、株式等の場合は 4.5％と定められ、10 億円の募集であれば 2,250 万円で、株式等の場合であれば、4,500 万円となり、それなりに大きな金額となる[17]。このように資金調達額が大きいほど課徴金の金額も大きくなる可能性があることを理解しておく必要がある。また、継続開示規制違反に対する課徴金水準は異なり、金商法 172 条の 4 第 1 項の規定において、たとえば有価証券報告書については 600 万円、あるいは当該企業が発行する算定基準有価証券の市場価額の総額に 10 万分の 6 を

---

[17]　尾崎安央「開示制度に関する金商法のエンフォース（法執行）手段のあり方─金融商品取引法違反に対する「制裁」のあり方として」山田泰弘＝伊東研祐編『会社法罰則の検証』64-65 頁（日本評論社、2015 年）。

乗じて得た額が 600 万円を超えているときはその金額となる。そして、実際に虚偽記載で 24 億円を超える課徴金を課せられた自動車メーカーの事案[18] や 73 億円を超える課徴金を課せられた電機メーカーの事案[19] がある。

　そして裁判例においては、虚偽記載により会社に課徴金を課せられた場合に、その損害は会社法 423 条を通じて役員個人に転嫁することが許容されると判示したものがある[20]。すなわち、行政上の課徴金については刑事の罰金のように個人に対する二重処分や法人重課といった問題はなく、損害賠償請求をすることによって会社の損害を役員に転嫁するこができることになる[21]。もちろん、法人に課された課徴金の最終負担者は法人であるべきであり、それを役員個人に転嫁すべきではないという考え[22] もあるが、課徴金制度は法令違反行為が割に合わないような制裁を会社に与えるとともに、少なくとも損害の一部は損害賠償責任制度を通じて役員に転嫁することにより、役員に法令違反をさせないインセンティブを与えることも視野に入れているともいえるわけである[23]。そして、その役員への責任追及は株主代表訴訟や会社訴訟を通じて損害賠償請求されるので、厳密には証券訴訟ではないが、株主代表訴訟リスクとの組合せ型のリスクということができるかもしれない。そして、損害賠償額が役員の資力に比して巨額になりすぎるという懸念は、D&O 保険を活用したリスク分配の仕組みによって緩和できるともいわれており[24]、D&O 保険の役割がこの点でも認識できることになる。

　証券訴訟に関しては最後に、日本の上場会社といえども、前述のようにアメリカにおけるスポンサーなし ADR のリスクの高まりもあり、各社は D&O 保

18　金融庁・報道発表資料「日産自動車（株）に係る有価証券報告書等の虚偽記載に対する課徴金納付命令の決定について」2020 年 2 月 28 日。

19　金融庁・報道発表資料「株式会社東芝に係る有価証券報告書等の虚偽記載に対する課徴金納付命令の決定について」2015 年 12 月 25 日。

20　仙台地判平成 27 年 1 月 14 日 LEX/DB25506084。

21　笠原武朗「会社への制裁と取締役の会社に対する損害賠償責任」山田泰弘＝伊東研祐編『会社法罰則の検証』300 頁（日本評論社、2015 年）。

22　佐伯仁志『制裁論』281 頁（有斐閣、2009 年）。

23　笠原・前掲注 21　300-301 頁。

24　杉村和俊「金融規制における課徴金制度の抑止効果と法的課題」金融研究 34 巻 3 号 172-173 頁（2015 年）。

険の内容を検証しておく必要がある。2021 年 7 月末現在、333 社の日本企業の
スポンサーなし ADR が流通している [25] ので、これらの企業は自社のことを十
分確認することが必要になってこよう。そして、D&O 保険約款については、
保険証券適用地域が国内に限定されていないか、あるいはアメリカ証券訴訟は
免責とされていないかなど必須の確認項目になる。

③ 子会社役員と親会社の利益相反の課題

　たとえば、子会社役員に詐欺行為があり、子会社役員が明らかに子会社とも
親会社とも利益相反するようなケースに遭遇することがある。とくに上場会社
の D&O 保険で国内外の子会社役員も被保険者に含めた包括的な保険契約をし
ていることが多く、その場合に不都合が生じることになる。すなわち、当該詐
欺行為を働いた子会社役員を子会社が訴えた場合、あるいは親会社が訴えた場
合、保険約款に被保険者間訴訟免責（insured vs. insured exclusion）や会社訴訟
免責（policyholder vs. insured exclusion）が存在していなければ、子会社役員は
保険金を受け取れることになる。保険契約者である親会社が、あるいは子会社
が当該役員に保険を使わせたくないと考えても、被保険利益のある当該役員か
らの保険金請求は止めることができない。このような場面を想定し保険金を支
払わないようにするには免責条項に工夫が必要になるであろう。たとえば、以
下のような会社訴訟免責を挿入しておくことが考え得る対応である。

Policyholder vs. insured of subsidiary exclusion
"The insurer shall not be liable to make any payment for loss in
connection with that portion of any claim made against the insureds of
subsidiary which is a claim brought by the policyholder or its
subsidiary"

保険契約者対子会社の被保険者免責
「当会社は、保険契約者あるいはその子会社によって提起された請求で、

25　BNY Mellon, DR Directory.

> 子会社の被保険者に対してなされた請求に関連する損害に対しては保険金を支払いません。」

　この文言であれば、親会社あるいは子会社から当該役員に対してなされた請求に対して、免責ということになり、保険契約者が望まない不都合を回避できることになる。もしこのような免責条項がないと、詐欺を働き子会社に損害を与えた子会社役員に損害賠償請求したいと思っても、当該役員が D&O 保険の補償を確保できてしまうので賠償請求することすら躊躇せざるを得ないことになる。詐欺行為なので不誠実免責のために保険金支払はないだろうと思っても、免責条項が確定判決免責（final adjudication exclusion）の文言になっている場合は、裁判所の確定判決で犯罪行為があったと認定されるまでは当該役員に防御費用のための保険金が支払われてしまい、弁護士費用は保険契約者が締結している親会社の D&O 保険で補償されてしまうことになる[26]。

　このような不都合は、D&O 保険の包括化やグローバル・プログラム化の流れで加速されている。D&O 保険の被保険者の範囲を広げることは補償範囲を広げることで、一見ポジティブなように思われるので、企業の実務担当者も社内で立案しやすく周囲からも賛同が得られやすい。しかし、被保険者の範囲を子会社まで広げることは必ずしもすべてにおいて望ましいということではないことは、前述の想定より明らかだと思われる。

　一般的に上場会社の D&O 保険の支払限度額は 10 億円が多いといわれる。従業員が 3,000 人以上の大企業で平均 9 億 5,000 万円という調査結果[27]もある。仮に支払限度額 10 億円を維持しつつ、被保険者を国内外の子会社の役員にまで広げたとする。その場合、この 10 億円の支払限度額は、保険契約者である親会社の役員と国内外子会社の役員が全員で共有することになる。上場している大企業であれば、国内外に合わせて 100 社以上の子会社を持つ企業グループも存在し、被保険者の数だけで 500 人近い企業もあるのではないだろうか。ま

26　山越誠司『先端的 D&O 保険』148-156 頁（保険毎日新聞、2019 年）。

27　東京海上日動火災保険株式会社「会社役員賠償責任保険（D&O 保険）の加入実態等に関する調査結果について」2017 年 7 月 12 日。

してや昨今の D&O 保険の被保険者には、取締役や監査役のみならず管理職従業員（managerial employee）も含まれることがあるので、500 人の被保険者がいるということも珍しくないかもしれない。そして、この 500 人の被保険者全員で 10 億円の支払限度額を共有しているわけで、これが十分なのかという検討が必要である。

　もちろん、1 年間の支払限度額が 10 億円なので、年間に何件も保険事故が発生するというのは稀なことであろうが、アメリカやオーストリアの子会社で不祥事などが発生した場合、弁護士費用が高額なことを考えると、心もとないともいえる。この場合、自社の支払限度額を上げるか、主要な海外子会社には独自に単独保険証券（stand-alone policy）に加入してもらうことが必要になろう[28]。また、子会社の中には独自に単独 D&O 保険に加入しているケースもあるが、コスト削減の観点で当該 D&O 保険を解約して、親会社 D&O 保険の対象に含めてしまうこともある。このようなことは、親会社の D&O 保険にエクスポージャーが集積していくことを意味するので、D&O 保険の支払限度額の再検討が必要になる。

　以上のように包括化の流れが進む中で、D&O 保険の内容の検証までは進んでいない企業も多いと思われる。子会社の中には、親会社の D&O 保険に含まれているので自社で加入していないことを問題視しない風潮がある。しかも、親会社から D&O 保険の補償内容について知らされていないこともある。親会社から D&O 保険の補償についての詳細が開示されていないことの意味合いは何であろうか。親会社としては、本当に子会社において保険事故が発生したときに、子会社役員の好きなように保険を使わせるつもりがないのかもしれない。子会社に対して保険約款の詳細を開示してしまうと、どのような事案に D&O 保険が活用できるのかがわかってしまい、親会社としては不都合な場合があると考えても仕方がない。なぜなら、子会社役員の保険事故で保険金の支払がなされると、親会社役員の補償に対する支払限度額も減額されてしまうからである。このように、常に包括化には親会社役員と子会社役員の間の利益相反関係

---

[28]　山越誠司「海外子会社を視野に入れた D&O 保険のあり方」商事法務 2221 号 27 頁（2020 年）。

が内包されており、親会社 D&O 保険の実務担当者としては微妙な位置に立たされていることになる。よって、子会社に D&O 保険の詳細情報を積極的に開示したくないことも理解できるが、被保険者である子会社役員の被保険利益を考えると正しい実務であるかは疑問である。結局、親会社 D&O 保険によって子会社役員も補償するという保険設計については実効性に疑わしい部分があるということではないだろうか。

　この点に関してはもう一度、親子関係にある子会社役員の責任というものを再考しておくべきである。子会社役員といえども会社法の建前としては、法的に独立した会社の役員として他から影響を受けることなく、自己の責任で当該子会社のために業務執行することが要求されている。そして、親子会社関係の影響において子会社役員が子会社に不利な関連当事者取引を行い、あるいは親会社の指図により子会社にとって不利な行為を行い子会社に損害を与えた場合には、会社法 423 条 1 項により当該子会社役員は善管注意義務違反のために会社に対して損害賠償責任を負うことになる。しかし、わが国の実務において積極的に利用されてきている持株会社のような制度においても、持株会社がその傘下の子会社に対して、経営活動に対して何らかの経営上の指揮を行っており、子会社はいかなる根拠によるかはともかくとして、このような指揮に従ってきている[29]。実務において親会社と子会社の間で経営管理契約と呼ばれる契約があったり、親子会社間の規則などがあったりすることがあり、子会社の一定の経営活動に対して親会社の同意が必要とされていることもある[30]。このように子会社役員は自分自身の判断が尊重されない、あるいは捻じ曲げられることもあるような不安定な地位にあり、その子会社役員が親会社 D&O 保険の補償の傘下にいるというのも不自然なことである。もちろん、子会社に損害を発生させた直接の行為が子会社役員の行為であるとしても、その行為は親会社の指図に従ったものであり、子会社役員の置かれている地位からみて親会社の指図を拒絶することは容易ではないので、任務懈怠の判断は相当慎重に行うべきであ

29　前田重行『持株会社法の研究』182 頁（有斐閣、2012 年）。

30　前田・前掲注 29　186-187 頁。

り、責任についてはある程度の抑制的立場をとらざるを得ないともいわれている[31]が、責任追及される可能性は否定できない。

　また、親子会社間の取引によって、子会社の債権者が満足を受けられないときは、子会社の親会社に対する不法行為債権を債権者代位権（民法 423 条）により行使することができる[32]。裏を返すと、この場合は子会社が親会社に対して不法行為責任を追及しなければならないということでもある。

　このように、親子会社間の役員の責任関係は非常に複雑であるので、親会社 D&O 保険を子会社のために利用する場面でも各種問題が生じることが予想される。このような複雑さを踏まえて、より直截な契約方法は、子会社自身で D&O 保険を契約しておくことである。単なるコスト削減を目的に子会社が自社の D&O 保険を解約して、親会社 D&O 保険の傘下に入ることで安心していると、本当に複雑な事件が発生したときに子会社役員は何も補償がないという事態になりかねない。あるいは、親会社としても詐欺のような不誠実行為をした子会社役員に D&O 保険を使われてしまい、本来守らなければならない親会社役員の D&O 保険を劣化させてしまうことになりかねないわけである。このように親子会社間では複雑な問題を内包しており、どのように整理すべきか難しい。おそらく正しい答えは一つではなし、会社によってとり得る対応は異なるのであろう。

第 3 節　非上場会社にこそ必要な D&O 保険

1 株主代表訴訟の多くは非上場会社事件

　わが国において株主代表訴訟といえば上場会社の事件と思われがちであるが、実は 7 ～ 8 割は非上場会社の事件となる[33]。非上場会社には同族会社も多いが、これらの会社では通常株券は発行されていないし、株主名簿すら整備されていないこともめずらしくないうえ、名義と実質的な株主が一致しないことがきわ

31　前田・前掲注 *29*　146-147 頁。
32　畠田公明『企業グループの経営と取締役の法的責任』70 頁（中央経済社、2019 年）。
33　金築誠志「東京地裁における商事事件の概況」商事法務 1425 号 4 頁（1996 年）。

めて多い。そして、株主総会や取締役会は登記申請書の添付書類の中に存在するだけで、会合自体が開催されていないというのがごく一般的である。こうした会社で創業者の死亡や兄弟の仲違いをきっかけに支配権争いが始まると、紛争は泥沼化して、次々といろいろな訴訟が提起されることになる[34]。このように非上場会社には特有のリスクというものがあり、それに対して D&O 保険が非上場会社のリスクマネジメントに有効であることもある。本節では、そのような非上場会社におけるリスクの観点から D&O 保険の有用性を検証してみたいと思う。

　東京地方裁判所商事部における商事訴訟事件の多くは、比較的小規模な譲渡制限株式を発行している会社の経営権をめぐる親族間の紛争が多い[35]。とくに小規模な株式会社では、株主総会とみられるような集会を開催することなしに、ただ、株主総会が開催され決議がされたとして、その旨の議事録を作成し、これに基づいて必要な登記をすることがしばしば行われる[36]。このような不備を突いて株主総会等の決議の不存在または無効の確認の訴え（会社法 830 条）が提起されることになる。

　どのような事案が多いかというと、会社規模が小さい場合、実質的に一名の者によって会社が所有、経営されていたり、いわゆる同族会社であって株主間でとくに互いに意思を確かめ合う必要もないことから株主総会が開催されなかったりすることがある。このような場合においても親族間で争いが生じたり、株主となっている従業員が反旗をひるがえしたりしたときに、この種の訴訟が提起されることが多く、事態の解決には紛争当事者が和解するか紛争の当事者の一方が会社組織から完全に離れるとともに、他の当事者との人間関係も断絶するしかないことになる[37]。このような紛争は、法律問題というよりも人間関係上の紛争に基づき、相手を攻撃するための手段として会社法が利用されているだけなので、紛争の解決はより複雑で長期間を要することになる。

---

[34]　金築・前掲注 *33*　3 頁。
[35]　岡本陽平「東京地裁における商事事件等の概況」商事法務 2209 号 29-30 頁（2019 年）。
[36]　元木伸『譲渡制限付株式の実務』41 頁（商事法務研究会、1994 年）。
[37]　元木・前掲注 *36*　44 頁。

　以上のように譲渡制限株式を発行している非上場会社の背景を踏まえると、
D&O 保険でも留意しなければならない点がある。まずは、一般的な保険約款
における被保険者は現在の役員および退任した役員も対象で、役員が死亡した
場合は相続人も対象となる。役員の責任追及における損害賠償請求債権の消滅
時効は改正前民法 167 条 1 項により 10 年とされていた[38]。保険約款における
被保険者の定義は以下のような文言になっている。

（被保険者）

「会社のすべての役員をいい、既に退任している役員およびこの保険契約
の保険期間中に新たに選任された役員を含みます。ただし、初年度契約の
保険期間の開始日より前に退任した役員を除きます。

　また、役員が死亡した場合にはその者とその相続人または相続財産法人
を、役員が破産した場合にはその者とその破産管財人を同一の被保険者と
みなします。」

　また、伝統的 D&O 保険約款には、以下のような被保険者間訴訟免責といわ
れる条項もあるのが通例で、同一の会社の X 役員が Y 役員に対して訴訟を提
起した場合は免責となる。馴れ合い訴訟を防止することが目的として免責とさ
れているが、前述の親族間の紛争のような場合では、役員同士が原告と被告に
なる可能性が高いので、この免責条項は修正される必要がある。

（保険金を支払わない場合）

「他の被保険者または記名法人もしくはその子会社からなされた損害賠償
請求ならびに株主代表訴訟であるか否かを問わず、被保険者または記名法
人もしくはその子会社が関与して、記名法人もしくはその子会社の発行し
た有価証券を所有する者によってなされた損害賠償請求」

---

[38]　最判平成 20 年 1 月 28 日民集 62 巻 1 号 128 頁。

　また、上場会社と比較して非上場会社のリスク管理は容易であるかというと、そのようなことはない。とくに、非上場会社の内部統制システムの不備が露見した事例も増えている。非上場会社の子会社で簿外取引による不祥事があったとして、子会社取締役を兼任していた親会社の取締役および子会社監査役を兼任していた親会社の取締役の責任が認定された事件がある[39]。本件は親会社役員の子会社管理責任が問われた事件で、たとえ非上場会社だとしても子会社の株式は親会社にとって財産であり、親会社の取締役はそのような財産の価値を維持するために、一定の範囲で子会社についても監視しなければならないことになる[40]。

　2014 年に会社法が改正された際には、大会社等については取締役会において子会社を含めた内部統制システムを構築することが規定されている（会社法362 条 4 項 6 号・5 項）。そして、会社法における大会社に該当しない非上場会社においても内部統制システム構築義務が存在しないとはいえず、むしろ積極的に内部統制システムを構築すべきといわれる[41]。もちろん、非上場会社に対して上場会社と同じ水準の内部統制システムを求めるのは、非上場会社の管理部門の体制から考えて難しいであろう。よって、上場会社のように充実した管理部門が存在しない非上場会社だからこそ、D&O 保険をリスク管理の一環で組み込むことも重要だと思われる。そして、内部統制システムは多義的であり法律もこれを定義していないが、リスク管理体制と同義であると考えてよいであろう。このリスク管理体制も時代とともに変化するであろうし不断の改善努力が必要であり非上場会社にとってはかなりの負担となる。当然、できる範囲でリスク管理体制の構築に取り組んだものの、非上場会社ならではの限界も想定され、その点を D&O 保険で補完するという発想があってよいと思われる。

2　譲渡制限株式と株式価値評価の争い

　株式は相続の対象となるが、株式の譲渡を制限しているような閉鎖会社では、

39　最判平成 26 年 1 月 30 日判時 2213 号 123 頁。

40　伊藤靖史「福岡魚市場株主代表訴訟事件の検討〔上〕」商事法務 2034 号 13 頁（2014 年）。

41　池島真策「取締役の善管注意義務と内部統制システムに関する問題」法学研究 82 巻 12 号 370 頁（2009 年）。

株式の相続により好ましくない者が株主となることを阻止したい。ただし、定款による株式の譲渡制限は包括承継による株式の移転には及ばないので、相続による株式の移転は定款によっても制限できない[42]。そこで、会社法は譲渡制限株式が相続される場合には、一定の条件のもとで会社が相続人に対して、同意がなくても当該株式を取得できるようにしている。具体的には、相続により譲渡制限株式を取得した者に対して、会社に売り渡すことを請求できる旨を定款で定めることにより、相続人から株式を取得することができる（会社法 174 条）。また、相続発生後であっても、会社が定款を変更して売渡請求制度を規定することもできることになっている[43]。また、株式の売買価格については原則として会社と相続人との間の協議によって決定することになるが、協議が成立しない場合は裁判所に価格決定の申請を行うことになる（会社法 177 条 2 項）。

　相続に関する論点でもう一つあるのが役員の損害賠償債務の相続の問題である。具体的な事案で、株式を買い集められた会社が企業防衛策として自己株式を取得したが、当該行為が法令または定款に違反する行為として任務懈怠責任を問われ、原告株主から株主代表訴訟を提起された事件がある[44]。代表取締役社長と常務取締役が被告として訴えられたが、その後、代表取締役社長は死亡し、相続人 5 名が被告となり、7 億 3,000 万円の損害賠償請求をされている。相続人としてとり得る対応としては限定承認と相続放棄であったが、本件では限定承認（民法 922 条）をしており、第一審、控訴審とも被告役員側が敗訴している。そして、上告後に原告株主は訴えを取り下げている[45]。

　ちなみに、限定承認の目的は第一に相続人の保護にあり、その手続きも相続人の利益を第一に構成されている[46]。ただし、限定承認ができる期間は相続人が相続の開始があったことを知った時から 3 か月（民法 915 条 1 項）であることに留意する必要がある。また、役員に対して訴訟が提起された後に役員が死

---

[42]　青竹正一『閉鎖会社紛争の新展開』107 頁（信山社、2001 年）。
[43]　東京地判平成 18 年 12 月 19 日資料版商事法務 285 号 154 頁。
[44]　東京地判平成 3 年 4 月 18 日判時 1395 号 144 頁。
[45]　「訴え取り下げ書」商事法務 1433 号 42 頁（2011 年）。
[46]　濱田陽子「限定承認と相続財産の破産」岡山大学法学会雑誌 68 巻 3・4 号 348 頁（2019 年）。

亡して相続が開始する場合と、役員が死亡した後に相続人に対して訴訟が提起される場合があるが、後者の場合に単純承認をしてしまった場合は、限定承認や相続放棄ができないので問題である。

　以上のように非上場会社だからこそ存在する特有のリスクがある。平常時ではあまり想定していない事柄だけに、これらのリスクに対処するために D&O 保険が必要という発想には至らないことが多い。しかし、相続争いも想定して D&O 保険をリスク管理の道具と考えておくことは非上場会社の役員にとって有用であると思われる。

　次に非上場会社においては、新株発行における公正な価格についての争いがある。この場合は、役員に対する任務懈怠責任も問われているので、D&O 保険の補償に関しても重要なケースとなる。実際の裁判例は、新株発行が有利発行に該当するのに役員らが有利発行を必要とする説明を怠ったので任務懈怠責任を負うと主張して、公正な発行価額と実際の発行価額の差額に発行株式数を乗じた額を会社に支払うよう株主代表訴訟を提起した事案になる[47]。この事件において裁判所が、非上場会社の株価の算定については、簿価純資産法、時価純資産法、配当還元法、収益還元法、DCF 法、類似会社比準法など様々な評価手法が存在しているので、どのような場合にどの評価手法を用いるべきかについて明確な判断基準が確立されているというわけではないとし、非上場会社の株式価値評価の難しさを認めている。

　また、裁判所の認識と同様に、株式価値評価の専門家の分析によると上場会社のように株式市場で取引されている流動性の高い株式と異なり、非上場会社の株式の流動性は低いもしくはないので、その分流動性ディスカウントとして評価額が割り引かれることがあり、評価実務において主観的判断が入りやすい難しい部分があることが指摘されている[48]。

　そして、新株発行が「著シク不公正ナル方法」によるものかどうかの事案では、経営陣の間で会社支配権に争いがあり、原告が、従来の株主の持株比率を

---

[47]　最判平成 27 年 2 月 19 日金判 1464 号 22 頁
[48]　池谷誠『論点詳解 係争事案における株式価値評価〔第 2 版〕』270 頁（中央経済社、2020 年）。

低下させ、新株発行は現経営者の支配権を維持する目的があったと主張された事件がある[49]。ただし、この事案では事業計画のために新株発行によって資金調達が必要であったということで差止請求は却下されている。このように会社法 360 条において会社に損害が生じる恐れのあるケースは、役員に対して差止請求できることになっているので、役員の防御費用を確保するためにも、先端的 D&O 保険のように保険金支払要件に差止請求のような非金銭的救済も含めることが重要である。

　さらに、裁判例における非上場会社の株式評価の実態として争いが多いのは、譲渡制限株式の買取請求に伴う買取価格についてであろう[50]。上場会社の株式は市場価格があるのに比較して、非上場会社の株式は取引相場のない株式として評価が難しい面がある。このように、非上場会社の株式価値評価の困難さもあり、訴訟に発展することがあるが、そもそも、この種の訴訟の中には、前述のとおり、純粋な株式価値評価や法律の問題というより、身内やかつての共同経営者のような人間関係が親密な間柄の争いが多い。そして、株式の売渡しを請求された一般承継株主は、会社側の役員の善管注意義務や忠実義務違反を理由に株主総会開催の差止請求（会社法 360 条）で対抗したり、売渡請求手続きが特別利害関係株主の議決権行使によってなされたとして取消しを求めたり（会社法 831 条 1 項 3 号）することもあり得よう[51]。このような対抗手段に対しては、そもそも売渡請求制度の趣旨が一般承継株主以外の株主の利益保護であり、その趣旨に忠実に従っている役員の注意義務違反を問うのは難しいし、会社の損害も認定できないので差止請求もできなであろうという意見もある[52]が、訴訟提起の手段として利用されることはあり得るので、この点でも D&O 保険の保険金支払要件が差止請求にも拡張されていることが必要になる。

---

[49]　東京地決平成 16 年 7 月 30 日判時 1874 号 143 頁。
[50]　青木茂男「裁判例における株式評価の実態—株式評価理論の深化を目指して—」茨城キリスト教大学紀要 45 号 200 頁（2011 年）。
[51]　平野敦士「相続人等に対する株式の売渡の請求の問題点」立命館経営学 47 巻 5 号（2009 年）。
[52]　中村信男「譲渡制限株式の売渡請求制度と判例に見る問題点等の検討」早稲田商学同攻会 438 号 315-316 頁（2013 年）。

③ 差別禁止法制に関する労働訴訟

　上場会社の役員が一般の従業員と頻繁に接点をもつことは少ないかもしれないが、非上場会社は比較的に組織規模が小さく、役員と労働者が顔を会わせる機会が多いと思われる。この点で、非上場会社の役員は上場会社の役員よりも労働訴訟のリスクを負っているといえる。

　非上場会社においても多様な労働契約と多様な人材が混在する組織が増え、経営者は高度な労務管理が求められる。不当解雇を原因とする訴訟は、わかりやすいハラスメントを原因とする訴訟に比べるとあまり注目されていなかったし、また、実際の労働紛争でも目立って件数が多いわけではなかった。しかし、企業側と労働者の間の緊張関係は高まる傾向にあり、今後、不当解雇に関する訴訟も増える可能性はある。また、雇用差別法制も複雑であり、意識せずに法令違反している可能性もある。たとえば、パンデミックの影響で、ワクチン未接種者やマスク不使用者に対する不当差別や不当解雇あるいはハラスメントも問題になっている。医療や介護関係の職場における事案が多いようであるが、この問題は他の業種にも拡大していく可能性が十分ある。労働法のみではなく、憲法における自己決定権や差別の問題も絡み、より複雑さが増していくであろう。

　そして、今までは憲法学が、労働法学の問題に深く関与することは差し控えていた感はある。なぜなら、国家権力を構成し制限する法が憲法であり、企業と労働者という私人間の問題には立ち入らないということだった[53]。しかし、これだけ規制緩和が進み、労働者の保護が脆弱になってきている中で、憲法的価値まで突き崩しかねないということで、憲法学が労働法学に影響を及ぼしてきている状況もあり[54]、今後の展開も注視する必要がある。

　そこで、ここでは雇用差別の観点でいくつか論点を整理してみる。いかに労働法が複雑な規定になっており、理解するのが困難であるのか知ることができるであろう。このような難解な労務問題に対する企業の対応はますます重要に

---

[53]　南野森「憲法と労働法—「働く人」の権利を守るために」法律時報81巻5号82頁（2009年）。
[54]　和田肇「憲法の基本権保障と労働法—規制緩和に関する憲法学の議論を受けて」名古屋大学法政論集224号240頁（2008年）。

なる。

　まず、わが国における雇用差別を禁止する法律は、労働基準法（以下「労基法」）がある。そして、均等待遇の原則として労基法3条において次のとおり規定される。

> （均等待遇）
> 第3条　使用者は、労働者の国籍、信条又は社会的身分を理由として、賃金、労働時間その他の労働条件について、差別的取扱をしてはならない。

　本条にある「信条」とは宗教的、政治的な信念のほか、思想的な信念も含まれ、「社会的身分」には、出身地、門地、人種、非嫡出子などの生来的な地位が含まれ、孤児や受刑者、パートタイム労働者などの後発的な理由による地位は含まれないとする見解[55]もあれば、後天的なものでも、受刑者や破産者は社会的身分に含まれるとする見解[56]もあるので解釈が難しい。たとえば、生来的な地位による差別のみ禁止されるとしても、孤児や受刑者、パートタイム労働者を差別してよい理由がみつからない。あるいは学歴も後天的な理由だと思われるが、その点も差別していい合理的な理由がみつからない。生まれながらに裕福な家庭に育った子どものほうが高等教育を受ける機会が多い、という事実を考えると、一概に学歴が後発的要素であるともいいきれないのではないだろうか。

　そして、雇用差別があったことの立証責任は、労働者が企業側の差別意思を推認させる事実と、他の労働者との間の差別的取扱いの存在を立証すれば、差別があったことが推定され、企業側がこの推定を覆す合理的な理由を立証できなければ労基法3条違反が成立する[57]。また、本条違反は不法行為（民法709条）に当たり、企業側の損害賠償責任も発生することになる。

55　水町勇一郎『労働法〔第7版〕』212-213頁（有斐閣、2018年）。

56　菅野和夫『労働法〔第12版〕』247頁（弘文堂、2019年）。

57　東京電力（長野）事件・長野地判平成6年3月31日労判600号73頁、中部電力事件・名古屋地判平成8年3月13日労判706号95頁。

　次に性差別を規制する法律はいくつかあるが、代表的なものとして労基法、男女雇用機会均等法（以下「均等法」）がある。まず、労基法4条において性別を理由に賃金差別をしてはいけないという、同一労働同一賃金の原則が規定される。条文では賃金についての男女差別を禁止し、それ以外の事項については規定していない。そして、わが国の伝統的な企業においては、男性を基幹的な業務に、女性を補助的な業務に従事させることで、採用、配置、昇進において差別してきた経緯がある。よって、女性であるからという理由ではなく、地位や職務内容の違いに基づく賃金格差が多い日本の雇用慣行においては、労基法4条が機能する機会は少ないといわれる[58]。

　そこで均等法は、募集と採用についての差別禁止は均等法5条に規定し、配置と昇進、退職等については6条に規定している。その他、間接差別の禁止は7条に、妊娠や出産等を理由とする不利益な取扱いについては9条に定められている。そして、これらの労基法や均等法に違反する行為は無効となるとともに、不法行為による損害賠償請求の対象にもなる。

　次に年齢差別を禁止する法律として、労働施策総合推進法や高年齢者雇用安定法などがある。まず労働施策総合推進法9条は次のように規定し、事業主は労働者の年齢にかかわりなく、その能力を発揮してもらうために均等な機会を与えなければならないという義務規定になっている。

　（募集及び採用における年齢にかかわりない均等な機会の確保）
　第9条　事業主は、労働者がその有する能力を有効に発揮するために必要であると認められるときとして厚生労働省令で定めるときは、労働者の募集及び採用について、厚生労働省令で定めるところにより、その年齢にかかわりなく均等な機会を与えなければならない。

　また、高年齢者雇用安定法8条において、定年を60歳未満にすることを禁止し、9条1項において事業主は、①定年の引上げ、②継続雇用、③定年制廃

58　土田道夫『労働法概説〔第4版〕』290-291頁（弘文堂、2019年）。

止のいずれかの措置を講じなければならないとしている。しかし、定年制廃止を選択する企業は少なく、継続雇用制度を導入する企業が多いようである。しかも、継続雇用において、処遇を 60 歳以前よりも大きく引き下げる例も多く、職務内容が変わっていないのにもかかわらず不合理な労働条件の相違として、パートタイム・有期雇用労働法 8 条および 9 条の同一労働同一賃金の原則に反する可能性もある [59]。

　この問題は日本企業が採用している職能給制度と深く関連していると思われる。職能給制度は、職務給制度より人事評価の運用の点で簡便ではあるが、経験を積めば能力が高まるとか、生産性が高まるという前提の上に成り立っている。アメリカの賃金との対比でいうと、30 代後半からは、日本の労働者が賃金の「もらいすぎ」の状態になっている。その状態が 55 歳あるいは 60 歳まで続く前提で賃金体系を構築すると、限られた賃金のファンドは枯渇する。よって、辻褄を合わせるには高年齢者を低賃金で働かせる必要がある。

　このような観点から考察すると、職能給制度そのものが高年齢者への差別的な処遇をもたらし、年長フリーターの正社員化を阻害しているともいい得る。よって、年功賃金あるいは職能給自体が差別の可能性もあり [60]、個々人の職務遂行能力を正しく評価し、それに見合った賃金とすべきという考えも成り立つであろう。

　また、同一労働同一賃金の原則に違反する可能性も述べたが、不合理な労働条件が禁止されているものの、不合理か否かの判断は非常に難しく、個々の労働条件の趣旨や性質・目的を客観的事実から裁判所が認定することは容易ではない [61]。よって、実際の訴訟になった場合は、非常に複雑な議論が展開され裁判が長期化することも予想される。

　また、わが国における同一労働同一賃金は、ヨーロッパでいわれている概念を正面から認めたものではなく、不合理な差別の是正を定めただけではあるも

59　水町・前掲注 55　197-198 頁。

60　櫻庭涼子「雇用差別禁止法制の現状と課題」日本労働研究雑誌 50 巻 5 号 13 頁（2008 年）。

61　島田裕子「パートタイム・有期労働法の制定・改正の内容と課題」日本労働研究雑誌 60 巻 12 号 23 頁（2018 年）。

のの、労働者の間で正規・非正規という雇用形態による不合理な格差を是正することに利用できる点は少なくないといわれ [62]、今後、同一労働同一賃金の訴訟も増える可能性もある。これは、高年齢者雇用の問題のみならず、あらゆる雇用形態に関係する論点なので、今後の訴訟事例には注目していく必要がある。

　最後に間接差別については、均等法 7 条において規定し、性別以外の事由による措置ではあるが実質的に男女差別になるおそれがある措置として、厚生労働省令の均等法施行規則 2 条において禁止事項を定めている。

　①募集、採用時の身長・体重・体力要件

　②総合職の募集・採用時の全国転勤要件

　③昇進における転勤経験要件、に該当する場合は本条の違反とする。

　しかし、なぜこの三つの例に絞られたのか理論的な説明はなされていない [63]。一方、この適用対象の限定を外していくことにより、間接差別禁止概念の拡大を図っていけば、可視化されない性差別の実態がみえるものとして認識され、その意味で間接差別禁止の概念は社会通念を見直す機能を果たすといわれる [64]。今後、間接差別の法理も発展していくことが考えられる。

　以上のように差別禁止法制を概観するだけでも、複雑な法制度になっていることが理解でき、とくに非上場会社の役員にとっては大きなリスクである。労働法という法律の難しさは、「労働法」という名称の法律は存在しておらず、労働問題に関する法律が複数あり、それらを総称して、労働法といっている点にある。このような法制度を十分に理解して、人事制度を構築し、労務管理していくことは、充実した人事労務管理部門を持たない非上場会社の役員としては非常に不確実性が高い状況に置かれているということがいえる。この点でも非上場会社の役員を守るという観点で、D&O 保険の有効活用が検討されることになる。

　そして、Ｄ＆Ｏ保険約款の観点から要点を指摘すると、わが国の伝統的

62　脇田滋「日本における「同一労働同一賃金」の課題 – 2018 年改正法活用の意義」全労連 273 号 12 頁（2019 年）。

63　浅倉むつ子『雇用差別禁止法制の展望』72 頁（有斐閣、2016 年）。

64　浅倉・前掲注 63　79 頁。

D&O 保険では次のような免責条項が存在している。

（保険金を支払わない場合）

「次のいずれかに該当するものに対する損害賠償請求

ア．身体の障害（傷害または疾病をいい、これらに起因する後遺障害または死亡を含みます。）または精神的苦痛

イ．財物の滅失、損傷、汚損、紛失または盗難（これらに起因する財物の使用不能損害を含みます。）

ウ．口頭または文書による誹謗、中傷または他人のプライバシーを侵害する行為による人格権侵害」

　そして、精神的苦痛に対する責任として、各種のハラスメント、不当解雇、不当な雇用差別などがあるとされ、保険者として免責を主張できることになっている [65]。すなわち、伝統的 D&O 保険約款においては被保険者に対して雇用関連の賠償責任リスクの補償は提供されていないことになる。実務では雇用慣行賠償責任（employment practice liability）リスク、すなわち EPL リスクといわれている。そして、EPL リスクについては、別途、雇用慣行賠償責任保険（以下「EPL 保険」）を契約することによって当該リスクに対処できることになっている。

　一方、アメリカ型の先端的 D&O 保険においては、精神的苦痛の免責について、雇用関連の不当な行為、たとえばハラスメントや不当解雇、雇用差別に起因する損害賠償請求については復活担保されている。すなわち、被保険者である役員等に対して、従業員から雇用関連について賠償請求された場合、伝統的 D&O 保険では免責であるが、先端的 D&O 保険では補償されることになる。この点、労働訴訟において会社と役員がともに被告になる場合、少なくとも役員は D&O 保険で補償が得られることになる。一方、会社のための補償は EPL 保険を契約することが必要になる。当然、会社と役員の間の責任割合で紛争に

---

[65]　山下友信編『逐条 D&O 保険約款』122 頁〔山下友信〕（商事法務、2005 年）。

なる可能性はあるので、本来は D&O 保険と EPL 保険の双方を契約しておくことが望ましい対応であるが、非上場の中小企業のように予算の制約がある会社にとっては、最低限 D&O 保険による対応が必要となる。

第 4 節　小　　括

　以上、上場会社と非上場会社における D&O 保険あり方や必要性をそれぞれ検証した。今まで、D&O 保険の議論をあえて上場会社と非上場会社に区分して議論することは少なかったと思われるが、それぞれ D&O 保険の機能の仕方や役割が違うように思われる。それぞれの視点で検討することは、より D&O 保険の機能を理解するうえで必要ではないだろうか。

　そして、上場会社における D&O 保険は、新しいリスクに対応して D&O 保険の論点も変化してきている。その点、D&O 保険約款の内容も、新たなリスクに適したものに修正していく必要があることが理解できる。常に株主代表訴訟とセットで論じられることが多かった D&O 保険も、証券訴訟や当局の規制リスクの観点でもっと議論が深められることが必要である。とくに賠償金や和解金に対する D&O 保険の補償以上に、防御費用に対する補償の重要性が強調される時代が来ている。また、親会社役員と子会社役員の間の利益相反事例に対する D&O 保険の補償のあり方は、これからの議論ではないだろうか。

　また、D&O 保険は上場会社のものという思い込みは払拭されなければならないことは理解できると思う。そして、非上場会社特有のリスクというものがあり、それに対して D&O 保険が有効に機能する場面も想定される。相続や事業承継の観点から、あるいは労働訴訟に対する備えの視点からも、D&O 保険はもっと議論されてよいと思われる。そして、どのような内容の D&O 保険契約になっているかが重要になるので、非上場会社といえども、高度なノウハウのある専門家の助言を基に D&O 保険の検討をすることが求められることになる。また、その助言を踏まえて保険者に保険約款の修正を依頼することが必要な場面もあるであろう。

　このように、上場会社でも非上場会社でも、それぞれ特有のリスクが存在し、

会社によってそれぞれ異なる状況が存在しているわけで、これらの前提を踏まえて、それぞれの企業が、自社にとって最適な D&O 保険のあり方を検討していくことは必要なことである。

終　章

　ファイナンシャル・ラインの各種保険について、保険約款の構造や機能とともに各保険が開発された歴史的背景や過去の保険訴訟の事例などをみてきた。損害保険業界にとって最後の未開の地ともいえる分野であるが、その理解は容易ではない。理由は目にみえない損害に対する保険であることや、無形資産を守るための保険であるため、損害の発生のイメージがつきにくいというのが挙げられる。

　よって、保険約款そのものに目を凝らすよりも、その保険約款が開発された経緯や、その国の訴訟制度、保険の対象となる事業の性質などの理解を深めることからはじめることで、結果的に保険の理解への近道となると考えた。たしかに、対人・対物事故が前提の自動車保険、企業総合賠償責任保険などと比較すると、純粋経済損害を補償する保険の有用性を把握することは難しい。ましてや、火災保険や傷害保険のように比較的保険事故の発生が認識しやすい保険種目に比べると近寄りがたい保険といえるであろう。しかし、この分野を理解する人材を増やさなければ、わが国の損害保険の発展も望めないと思われる。

　また、保険契約者である企業も、有形資産よりも無形資産を活用して事業展開することが増えてきている。プラットフォームビジネスが典型的であるが、その企業自体が目にみえる巨大な設備や装置などは所有していないことがある。その場合、財物保険の必要性が極端に低下し、無形資産を守るサイバー保険のような新種の保険が重要になってくる。またビジネスモデルも複雑になってくるので、そこで発生する賠償責任リスクも単純な事象ではない。その点、先端的賠償責任保険、すなわちファイナンシャル・ラインに分類される保険の活用は、今後、企業のリスク管理の要点となるであろう。

　ファイナンシャル・ラインという分野自体、わが国で確立された分野ではないが、アメリカやカナダ、オーストラリア、イギリス等の損害保険会社では社内に一部門が存在するくらい成熟した保険引受分野になっている。また、保険ブローカーにもファイナンシャル・ラインの専門部門があり、その分野のみで

業務遂行している人材も多い。必然的にファイナンシャル・ラインの保険のノウハウが蓄積されるスピードも速く、その知識の深さもわが国と比べものにならない。今後、わが国でもこの分野の調査研究を深化させていく必要があるし、専門家の育成も急務ではないだろうか。これだけ多くの日本企業が世界的に事業展開し、異なる条件のもとでビジネスモデルを構築し、複雑な取引を成立させていく過程で、本稿で分析してきた各種保険の有効活用は各社のリスク管理において重要になってくるであろう。

　そして今回、検証の中心となった保険約款は、アメリカ型の先端的賠償責任保険であるが、それがそのまま日本においても普及させたほうがよいという短絡的な結論にはならない。むしろ、先端的な保険約款を研究することにより、わが国に合った保険の開発がなされることが望ましいと考える。わが国の法制度や訴訟制度、商慣習に適合した保険約款の研究はこれから望まれる分野である。海外の実務で採用されている保険約款が、わが国でそのまま上手く機能するとは限らない。今後の課題として残されていることを付言しておきたい。

　さらに、今回扱った保険約款は、ファイナンシャル・ラインの保険をすべて網羅しているわけではない。筆者の経験のない分野や分析評価するだけの知識や情報が不足している保険で扱えていないものもある。一人でカバーできる範囲は限られているので仕方がないが、機会を改めて今回議論できなかった領域についても論じることができればと思う。

　また、議論も一貫して保険約款のみに着目するのではなく、できるだけ保険が開発された背景や当該保険が対応するリスクとの関連から論じることを心がけた。この方法が多くの方の理解を促す近道と思って採用したが、人によっては馴染まなかった、あるいは保険約款そのものの詳細な解説を望むということもあったかもしれない。今後のさらなる検討のためにも多くのご意見やご批判をいただければ幸いである。

事 項 索 引

207

著者紹介

山越　誠司（やまこし　せいじ）

\<略　歴\>

オリックス株式会社グループ人事部報酬チーム兼グループ総務部担当部長。
1968 年札幌市に生まれる。1991 年、東洋大学法学部卒業。1993 年、東
洋大学大学院法学研究科博士前期課程修了、日産火災海上保険株式会社に
入社し営業を経験。2001 年、エーオン・リスク・サービス・ジャパン株
式会社にて多国籍企業の保険手配業務、2002 年、株式会社エヌ・エヌ・
アイにてキャプティブのコンサルティング業務、2004 年、オリックス株
式会社にて損害保険関連業務と営業、2012 年、フェデラル・インシュア
ランス・カンパニーにてアンダーライティング業務を経験。2016年、オリッ
クス株式会社に再入社し損害保険関連業務に従事。2020 年、日本保険学
会賞（著書の部）受賞。神戸大学大学院法学研究科博士課程後期課程在学。

\<主要著作\>

『先端的 D&O 保険』（保険毎日新聞社、2019 年）\<2020 年日本保険学会賞\>

『D&O 保険の先端Ⅰ』（共著、商事法務、2017 年）

『独立取締役の基礎知識』（共著、中央経済社、2012 年）

（論　文）

「会社補償と D&O 保険の発展の方向性」商事法務 2261 号（2021 年）

「サイバー攻撃に対する保険の検討」商事法務 2243 号（2020 年）

「D&O 保険と会社補償制度の相互補完」商事法務 2168 号（2018 年）

「雇用慣行賠償責任保険の実用的価値」損害保険研究 79 巻 3 号（2017 年）

「D&O 保険における事故のおそれの判断基準」損害保険研究 78 巻 4 号
（2017 年）

「D&O 保険の戦略的な支払限度額増額」商事法務 2113 号（2016 年）

「専門業務賠償責任保険の機能と新たな展開」損害保険研究 77 巻 4 号
（2016 年）　ほか

先端的賠償責任保険

ファイナンシャル・ラインの機能と役割

著　　　者	山 越 誠 司	
発　行　日	2022 年 3 月 15 日	

発　行　所　　株式会社保険毎日新聞社

〒110-0016　東京都台東区台東4-14-8

シモジンパークビル2F

TEL 03-5816-2861／FAX 03-5816-2863

URL https://www.homai.co.jp/

発　行　人　　森 川 正 晴

カバーデザイン　塚 原 善 亮

印刷・製本　　モリモト印刷株式会社